论语中的积极心理学

初中版

聂细刚 李莹 主编

清华大学出版社
北京

图书在版编目（CIP）数据

论语中的积极心理学：初中版 / 聂细刚，李莹主编 . — 北京：清华大学出版社，2021.5
（2021.10重印）
　　ISBN 978-7-302-58234-2

　　Ⅰ . ①论… Ⅱ . ①聂… ②李… Ⅲ . ①心理健康 – 健康教育 – 初中 – 教材 Ⅳ . ① G444

中国版本图书馆 CIP 数据核字 (2021) 第 099160 号

责任编辑：张立红
装帧设计：梁　洁
责任校对：赵伟玉
插画设计：冯　亮　杨慧斌
责任印制：杨　艳

出版发行：清华大学出版社
　　　　　网　　　址：http://www.tup.com.cn，http://www.wqbook.com
　　　　　地　　　址：北京清华大学学研大厦 A 座　　　　邮　　编：100084
　　　　　社 总 机：010-62770175　　　　　　　　　　邮　　购：010-62786544
　　　　　投稿与读者服务：010-62776969，c-service@tup.tsinghua.edu.cn
　　　　　质 量 反 馈：010-62772015，zhiliang@tup.tsinghua.edu.cn
印 装 者：小森印刷（北京）有限公司
经　　销：全国新华书店
开　　本：170mm×240mm　　　印　　张：14.5　　　字　　数：198千字
版　　次：2021 年 7 月第 1 版　　印　　次：2021 年 10 月第 2 次印刷
定　　价：79.00 元

产品编号：091412-01

编委会

推荐序

清华大学社科学院院长　彭凯平

1. 摆脱心灵负累：传统文化和现代科学的教育创新实践

与这本《论语中的积极心理学（初中版）》及其背后的工作团队结缘是在2020年初秋。当时，深圳市龙华区第三外国语学校校长聂细刚先生来到我在清华大学伟清楼的办公室介绍他们学校在应用积极心理学推动创新教育科研过程中的一些工作成果。《论语中的积极心理学（初中版）》就是其中之一，它将积极心理学与传统文化精华相结合并应用于德育。

我从交谈中得知，深圳市龙华区第三外国语学校是一所刚刚成立一年多的新学校。在遵从九年一贯制规范办学基础之上，学校进行了诸多创新型的教育实践，其目的是在当代教育情景下能够为教师与学生的教学交互创造更为多元的积极促进因素，并将这些积极促进因素以科学化、系统化的视角进行解读，从而应用于实践。积极心理学、积极教育、传统文化思想在教育中的创新、心理科学测评等都是其中的重要内容。

龙华区第三外国语学校之所以开展这样一种教育实践创新的探索，其中一个核心的动力来自学校在龙华区教育局王玉玺先生倡导的积极教育的引领下对深圳现代化的文化精神积累的思考，以及作为教育者如何为城市的精神提供切实的贡献的反思。众所周知，深圳是中国改革开放的前沿城市，从几十年前一个不为人知的小渔村发展成今天中国最具活力与实力的城市排头兵，"深圳速度""深圳模式""深圳奇迹"等成为人们心目中深圳的代名词。深圳也成为城市现代化发展奇迹的突出代表。但是，飞速发展所创造的城市奇迹主要集中在物质财富的极大创造中，相比起来，城市的精神财富创造则显得单薄得多，这其中涉及文化心理的厚度、教育基础的夯实、社会结构的稳固与社会情绪的稳定性等，而这些正是新时代深圳建设面向更加开放、更加多元、更加国际化的大城市亟需面对的领域。

深圳又是一个以外来人口为主的年轻的城市，第一代深圳年轻的创业者是开拓者，他们为深圳打下了现代超级城市的物质基础，也为这座城市留下了锐意创新、白手起家、不舍昼夜的实干精神。这些精神弥足珍贵，但是老一代创业者的缺陷也是明显的，那就是在文化与心理上的财富积累没有机会经过长时间的打磨而显得粗糙与斑驳。有文化氛围但文化内涵不足，有文化情景但文化心理干燥，有文化情怀但文化品位参差。这怪不得他们，却是新一代的深圳年轻人所面临的最重大的新使命——如何在老一辈深圳开拓者所建立的丰厚的物质基础上建构新深圳丰厚的文化精神与文化心理传承？这个任务摆在了新一代深圳教育者的面前。教育者，传习者也。以史为鉴、以身为鉴、以心为鉴，教育者的重要使命就是培养"真正的人"。也只有这些"真正的人"才能肩负起为这个年轻的城市奠基起又一个"深圳奇迹"的使命。

就像最早一批看到深圳经济发展潜力的开拓者一样，龙华区第三外国语学校通过借鉴积极心理学在"积极天性""积极心态""积极自我""真实的幸福""积极教育"等方面所形成的科学理论，进行了诸多卓有成效的积极教育创新实践。这些教育实践极大地丰富了学校的教学内容，推动了师生身心全面而积极的发展，并在很大程度上帮助更多的老师与学生树立正确的学习价值观、探索高效的学习方法、促进成长型思维与习惯养成、建构品格优势与美德。学校也正是想知道，它所推动的这些探索从专业学术角度来看，是否具备某种在传统教育框架中的突围意义？是否能够形成某种具备积极价值的办学特色？更重要的是，是否能够真正切实地帮助那些困扰于焦虑与躁动的学生、家长与教师摆脱心灵的负累，进行积极而幸福的选择？

2.《论语中的积极心理学（初中版）》真好用

事实上，无论是历史还是现代，无论是在东方还是在西方，"真正的人"一定是德、智、体、美各方面全面发展的人。中国人习惯把这样的人称为"君子"，印度人习惯把这样的人称为"觉者"，而西方人则习惯把这样的人称为"智者"。无论是君子、觉者与智者，在积极心理科学里都归结在"品格优势与美德"和"积极自我存在"之中。

早在 20 世纪八九十年代，以宾夕法尼亚大学心理学教授马丁·塞利格曼为代表的一批积极心理学家，将人类普适的积极天性归纳为 24 项品格优势与美德，这形成了早期积极心理学派关于人心、人性、人格的基础理论。之后，塞利格曼又以此为基础，提出了关于"真实的幸福"的五个关键要素，也就是今天人们所熟知的 PERMA 理论，它包括积极情绪、投入、人际关系、意义和成就。与此同时，以克里斯多弗·彼德森、肖恩·斯纳德等为代表的积极心理学家努力寻找"积极社会、美好生活"与个体人格之间的必要关系；以米哈里·希斯赞特米哈伊、芭芭拉·弗雷德里克森、R.M. 瑞恩、彼得·沙洛韦等为代表的积极心理学家则更加专注于"投入""积极情绪""活力""情绪智力"等多项细分领域的人类的积极心理本质研究。我和我的老师理查德·尼斯贝特则基于不同文化背景下的思维习惯及认知特质的异同，研究积极心理学在跨文化沟通中的理论与应用。总之，积极心理学在短短的 30 年内迅速发展，百花齐放，成为心理学科中的最耀眼的明星学派，并且在社会阶层分析、社会治理与社会情绪调节、经济分析与经济预测、教育、医疗、健康、文化、娱乐、互联网交互、人工智能与大数据等诸多领域得到了积极的介入与尝试。积极心理学真正做到了"星星之火，可以燎原"。

今天，新一代的积极心理学家已经不再满足于面向人类负面心理科研传统的传统心理学发起挑战，而是为积极心理学建构起完整而独立的理论体系蓝图，并逐渐意识到需要为全新的积极心理学理论大厦中加入来自古老东方的传统智慧。因此，认识心理学、文化心理学、跨文化沟通心理学等方向亦迎来了一个更加灿烂的春天！这是心理学自身的幸事，更是新时代人类心灵福祉探索的幸事。这也是我特别愿意推荐这本《论语中的积极心理学（初中版）》给大家的一个深层的原因：文化是不分国籍的，文化是人类共同的财富。任何文化的精髓都值得其他文化学习、参照。而文化的精神也需要以更多元的、更适应现代人阅读与理解习惯的方式来进行合理的传播。我觉得《论语中的积极心理学（初中版）》在这方面进行了开拓性的尝试。虽然它并不是来自深墙大院内的像清华大学积极心理学研究中心这样的纯学术机构，但是它来自基层的教育实践生活。虽然它并不是特别理论化，但是它接地气，语言平实易懂，并且最关键的是它挺好用！

事实上，无论是积极心理学还是《论语》，若要在基础教育中直接落地，还具备不小的难度。比如目前的积极心理学，更多的是基础理论与应用理论，而与这些理论相匹配的具体的教学实践方法还显得比较单薄。同时，这些理论虽然能够发现孩子在不同年龄阶段的发展规律，但是在具体情境中如何处理这方面的实证积累，客观来说是有待开发的。与此类似，《论语》作为中国传统文化，特别是儒家思想的经典，也面临着现代化语境解读与现实生活中正确应用等诸多困扰。这些困扰可能只有直接从事基础教育的校长与老师们才能有最深切也最直接的发言权。因此，从某种意义上来说，将积极心理学与《论语》学习进行结合的成果是值得期待与参考的。由此，我认为《论语中的积极心理学：初中版》的"挺好用"至少有以下三点是具备一定价值的。

第一，在跨界教育研究与实践的探索方面具备积极的价值。

《论语中的积极心理学（初中版）》一书中参考了大量积极心理学的基础理论，并且将其分成了多个主题与章节，每一节以《论语》中的句子导读开篇，配以积极心理学方面的通俗化解读，同时以游戏或活动为载体，穿插与心理主题相关的心理辅导与心理干预活动，引导学生通过团体互动，进而收获对传统文化及现代心理学自然的联结与启迪，达到认知提升与文化价值感受力提升的双重效果，这一创新点尤其难能可贵。另外，《论语中的积极心理学（初中版）》着力推进积极心理学的本土化进程，深度发掘传统文化的精髓、要旨，通过二者的融合来实现理论的重构，从传世经典中去寻觅积极心理的主要元素，还可以结合语文、国学、心理、道德与法治多个学科，为学习建立起一种跨学科融合的思维启迪。

第二，在学习上将"高大上"与"烟火气"相结合，进行了有意义的尝试。

积极心理学发源于美国心理学界，是事实上的"外来的和尚"。其大量的实验证据来自西方文化背景下的社会群体与个体，因此不能直接应用于我国的中小学教育实践，必须经过一些改造与补充。《论语中的积极心理学（初中版）》在积极心理学本土化与通俗化上做了大量的工作，将二者相融合，并且寓教于乐、寓理于例、寓心于情。把心理学与《论语》在规范化教学中的补充要素与"边缘知识"变成了积极文化心理建构的基础，一方面转变了《论语》与心理学在中小学教育实践中的定位与地位，另一方面也把"高大上"与"白富美"的思想与知识以这种颇具"烟火气"的形式呈现出来，我个人认为，这一点是值得赞扬与推荐的。

第三，为突破心理学在德育、心理教育、家庭教育的整合教育过程中的困难提供了有价值的探索。

《论语中的积极心理学（初中版）》是一本积极人格养成的指南。虽然国家大力推动学校应当开设心理教育活动课，加强学生的心理培育，但事实上，在具体开展中，学校、老师、家长还是面临着诸多实际问题的。教材是枯燥的，案例缺乏深入的理论，传统文化传播中某些不正确的"返祖现象"与"感恩倾诉"又错误百出。这些是基层教学单位在进行德治教育、心理教育过程中面临的最直接的挑战。《论语中的积极心理学（初中版）》在这方面进行了一些尝试，我们看到，每一节设置了"心灵启航"与"积极体验"和"方法指南"，便于心理辅导教师依据此书开展心理辅导工作，也能够在一定程度上帮助家长更有针对性地阅读此书。

3. 积极心理学的远古回声

最后，我想通过这个推荐序来说说我对传统文化与现代心理学相结合的一些看法。

我认为，文化精神的"长"与"宽"所代表的"见识"可以通过现代化生活空间的极大丰富得以实现，但是文化心理的"高"所代表的"积淀与厚重"则必须经过时间的沉淀与传统文化精华的挖掘与再现才能实现。文化心理的维度问题是我长期以来在美国密歇根大学、美国加州伯克利大学与中国清华大学心理学系各个学术研究期间所进行的多项跨文化沟通与心理学科研的一条主线。所以，当聂先生提出龙华区第三外国语学校的积极教育创新中也有把传统文化与现代积极心理学相结合的创新尝试时，我感到由衷的高兴！我的高兴不仅仅是看到聂先生所进行的这项实践产生了诸多积极的正向效果，更是为当代积极心理学能够注入更多的来自东方的文化营养而感到欣慰。

回到《论语》所代表的文化心理，这离不开孔子对文化心理的认知。孔子的思想核心是"仁"。清华大学国学研究院的陈来教授更将其定位为"仁学本体论"。关于"仁"的出现，在《论语》里有110多处，并且对应着很多不同的说法，但"仁"作为孔子思想的核心，是"一以贯之"的，也就是说，孔子虽然对"仁"有很多的解释，但其思想体系是一致的，有一个最基本的说法。那这个说法是什么呢？这个问题不仅我们想知道，就连当年与孔子朝夕相处的学生们也非常想知道。

有一天，一个学生对孔子抱怨："老师，您能不能给'仁'下个明确的定义呀？您平时说了那么多不同的关于'仁'的含义，我都听糊涂了！不知哪一个才是'仁'？"

孔子听了，只很淡定地给出了两个字——"爱人"，就是"仁者爱人"，这句话可以被认为是孔子对弟子及后代所疑惑的这个问题给出了一个明确的答复。

孔子认为：一个能称为"仁"的人，行为处事上都要以"爱"为出发点。

首先要懂得爱家人，包括父母与兄弟姐妹。他认为孝顺父母是第一，亲爱兄弟姐妹是第二，做到这两点就已经具备了仁者最基本的要求，当然还有爱祖国、爱人民、爱同志、爱亲朋、爱好友、爱世间万事万物等，但均在"孝悌"所代表的血亲之爱与同胞之爱的基础之上。

古代造字时，"仁"，是一个男人在前，两根木杆在后。从理论上来讲，两根木杆后应该还有另一个人抬着，这样两根木杆才能稳定。但汉字造字时没有把后面那个人加上，有着十分深刻的含义，表示"仁"是独立人格构成的基本要求，不管有没有人来抬木杆的另一端，仁者都要独立承担抬的责任，也就是处处为别人着想，以身作则，做好自己分内的事情，同时站在他人的角度帮助别人，为别人提供更多的便利，而且是发自内心的道德与行为指向的。这样的人才能被称为"君子"——有责任、有担当、有能力、有智慧、心有大爱、有献身精神与崇高人格。

所以，我认为"仁者爱人"最为核心的理念是严格按照君子的标准要求自己，推以及人。自己是君子，就是爱自己的具体表现，这样也能做到爱别人了，其本质是一个关于"大爱"的文化心理的回答。

《论语》中有大家最熟悉的一句："学而时习之，不亦乐乎？……人不知而不愠，不亦君子乎？"宋代著名学者朱熹对此句评价极高，说它是"入道之门、积德之基"。好学且会学，并坚持不懈地学习，建立起对世界正确的认知与思想；拥有良好的人际关系与独立人格并且以自己高尚的品德情操得到他人的认可；保持谦虚的心态，不骄傲，不自满，不妄自菲薄，保持正能量，做好自己，不为境遇高低浮沉所左右。当我们用现代的语言来解读的时候，会惊喜地发现，这句话不就是积极心理学与积极教育所推崇的"真正的人"的标准吗？

事实上，在《论语》中处处都有类似的句子。古往今来，有无数的人用不同的视角来解读《论语》及其所代表的儒家思想。新一代的积极心理学家与教育者也要以积极心理科学的视角为《论语》与传统文化注入新的教育理解，这不仅能够丰富《论语》精神在现代化生活中的外延，更能为积极心理学找到更多的来自古代时空的回声，悠悠不绝……

　　这是来自深圳特区一所新建的九年一贯制学校对于传统文化及学生积极心理品质培养的深度追问。从区域教育层面，在优质教育学校林立的深圳，一所崭新的学校想打磨出自己的亮点，实现品牌突围，需要切实可行的特色项目支撑；从学校教育层面，如何将理念落地，让项目秉承办学思想，值得深入思考；从育人层面，要解决学生需求和家长关切的核心问题……深圳市龙华区第三外国语学校从传统文化中汲取营养，打造出《论语中的积极心理学（初中版）》，独辟蹊径地实现了多维回应。

　　项目的提出，源于学校的几点思考。

　　首先，学校所在的深圳市龙华区以"积极教育"为区域教育的核心理念，将积极教育的理论转化为实际指导区域教育内涵的发展。而积极教育正是在积极心理学的启发下，在反思教育现实和传统观念的基础上构想出的一种教育理念，主张以积极的态度重新解读教育，形成积极的教育理念，采取积极的教育行动，激发和引导学生积极求知，并获得积极的情感体验，培养学生积极的人格品质和人生态度。基于这样的区域教育理念，龙华区在学校管理、课堂教学、特色发展及学校建设方面做了大量积极的尝试和创新，取得了积极的成效。学校该项目的落地，为区域教育的创新发展提供了支撑和佐证，带来了一线的实践补充。

　　其次，学校作为一所高起点、高规格、高品质的九年一贯制外国语学校，以"三外有'三'、卓尔非凡"为办学理念，打造"传统文化""外国语"两大特色，致力于建设一所植根中国、面向世界的外国语品牌学校。作为办学的基准和特色，传统文化、道德教育、心理教育、家庭教育等都成为学校重点研究的领域。《论语中的积极心理学（初中版）》着力探究传统文化的崭新落地模式，使全体师生形成积极健康的心理，并以此促进优良的校风，增强道德品质等方面的针对性和实效性，培养出一批身心和谐健康、气质儒雅的学生，将学校的办学理念和培养目标落到实处，努力擦亮学校传统文化品牌。

再次，根据深圳市教育局印发的《关于推进中小学心理健康教育规范化建设的实施意见》，中小学校应当开设心理教育活动课，通过课堂教学活动进行教育。以教学班为单位，采用心理教育活动课或团体心理辅导活动等形式进行，每两周至少安排一节，列入课程表。但作为一个几近"边缘"的学科，能开展心理课程的学校仅占一部分，而系统开设的，更是少之又少。加之，没有统一的心理课程所使用的教材，教学尚处于不甚规范的状态。《论语中的积极心理学（初中版）》将极大地填补这一项教育空白，使心理教育、德育教育甚至家庭教育找到抓手。

《论语中的积极心理学（初中版）》以塞利格曼的幸福五要素理论为基础，借鉴清华大学研发的积极教育模型以及与之相对应的应用技术为框架，开发出了积极自我、积极情绪、积极关系等五大模块，深入挖掘了传统文化经典《论语》中的积极教育内涵。每个模块分成多个主题，例如：积极自我模块下分为认识自我、自我认知偏差、发挥优势、品格优势与美德四章。每一节的设置根据论语名句的内涵主旨分成更细致的主题，每一个主题按照课程规划，灵活地设置了多个环节，以《论语》中的经典名句赏析为导读，辅以积极心理学的理论解读，同时以游戏为载体，穿插与积极心理学主题相关的心理辅导活动，引导学生通过团体互动，收获对传统文化及积极心理的感悟。

同时，编写团队还将积极心理学的理论进行了特色化的改编，对晦涩难懂的理论进行了通俗化的解读，生成了适应各年级学段阅读的拓展链接，引入了清华大学彭凯平教授《吾心可鉴：澎湃的福流》《吾心可鉴：跨文化沟通》

等多部心理学著作中的适用于学生、家庭教育的案例和成果，并做了更生动化的表述，用以拓展教师、家长和孩子的视野，使其深入领会积极心理对学习、生活及整个社会的影响。

本书得到了深圳市龙华区教育局王玉玺局长的多次指导，积极教育的区域推广更是本书的催化剂。中国人民大学伦理学博士韩望喜先生对本书多次进行了把关和修改。韩先生对于《论语》等传统文化数十年如一日的深耕和研究，令本书更加严谨厚重。清华大学出版社张立红老师对传统文化的热爱和执着让人敬佩。作为责任编辑，张立红老师的精心打磨和苛刻的编审，令本书更具格调和品位。

最后，感谢参与编写的龙华区第三外国语学校的一线老师。他们有着教育者的梦想与情怀，更有着对中国少年儿童积极心理品质培养的职责与担当。知易行难，用好这本书，更是每一位老师的职责和使命。

目　录

第一篇　积极自我

第二篇　积极关系

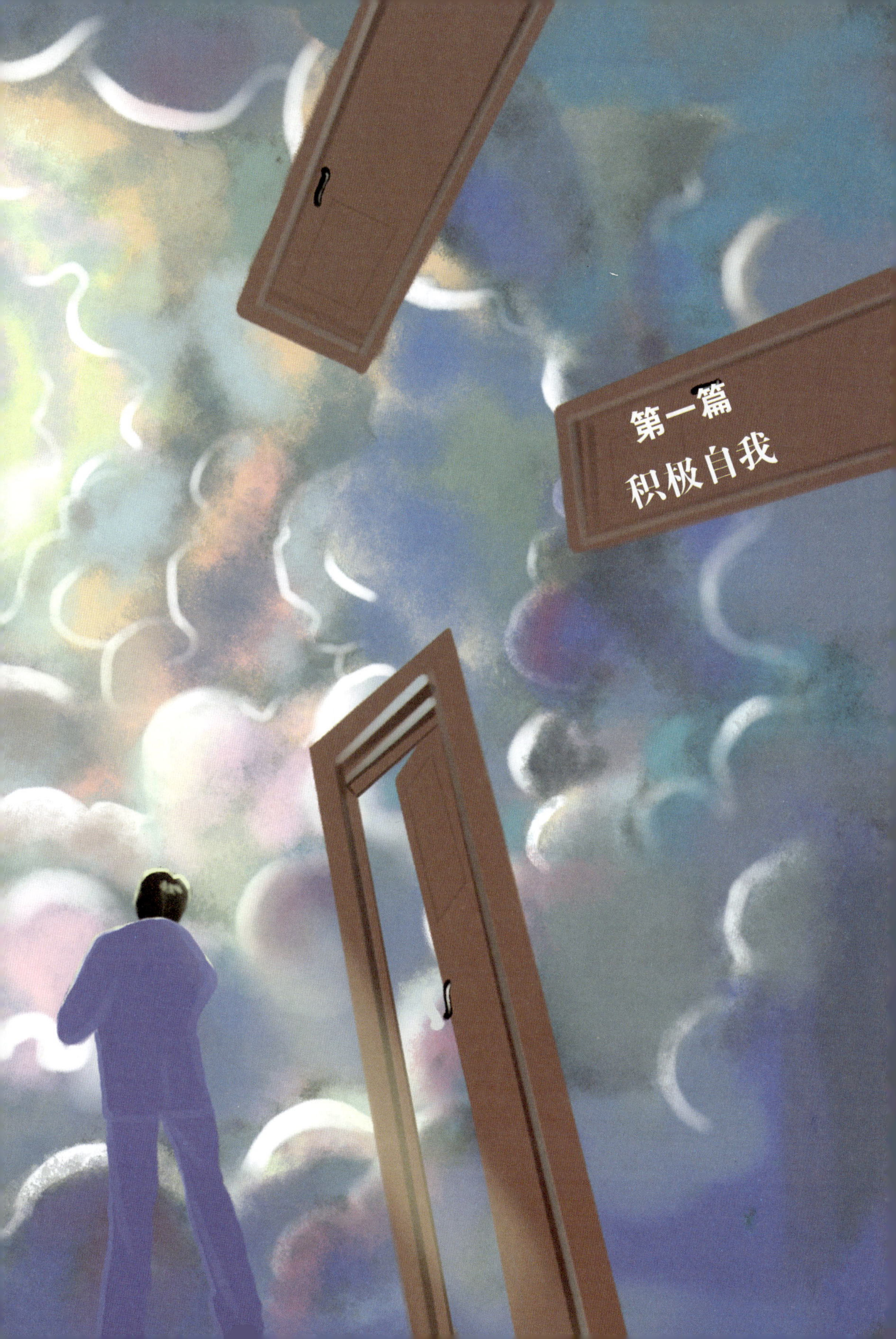
第一篇
积极自我

第一章　认识自我

第一节
找到会发光的自己

一、《论语》导读

（一）跟我读

子贡问曰："赐也何如？"子曰："女，器也。"曰："何器也？"曰："瑚琏也。"

——《论语·公冶长》

（二）跟我译

子贡问孔子："我这个人怎么样？"孔子说："你呀，好比一个器皿。"子贡又问："是什么器皿呢？"孔子说："是宗庙里盛粮食的器皿。"

二、心灵启航

有些同学总会有很多烦心事，有的为自己长得丑而烦心，有的为自己长得胖而痛苦，还有的会觉得自己长得太矮了……总是看不到自己身上的闪光点。可是，同学们，世界上没有完全相同的两片树叶，更没有完全一样的两个人。我们每个人都是这个世界上独特而美好的存在，每个人的身上都有他人无法比拟的优点。客观地审视自己，大胆地展现自己，喜欢真实的自己，发现特别的自己，才能更加健康快乐地成长！

孔子虽一向谦谦有礼，但对于自己的长处，却从不吝惜表达赞赏，他认为自己是真正的君子，他的品德言行足以成为一国典范。我们也应当学习这种自我认知的方式，找到会发光的自己！

三、积极体验

（一）培育优点果实

此时，你正走在一条小路上。突然，你看到了一棵长得分外漂亮的小树，原来这是一棵专属于你的树。你的能力、优点都变成了一颗颗果实挂满枝头。仔细观察，这棵树长什么样子？上面都挂着哪些能力和优点？赶快把你看到的树画出来吧！

画好后，可以和同学展示自己的作品，并分享你拥有的能力和优点。

（二）优势取舍

同学们，世界上有一个具有无限潜力的金矿——你自己。静下心来认真想一想，自己身上最明显的五个优势是什么？想好后工整地写在纸上。

写好后开始跟着我的步骤做！

步骤1：删除一个优势

请你思考之后，删除其中一个优势，一定想清楚你为什么要画掉它。

步骤2：再删除一个优势

现在，你只拥有四个优势了。请拿起手中的笔，思考后再从这四个优势中画掉一个。

步骤3：继续删除一个优势

请认真选择，删除一个优势。因为画掉后意味着你将永远失去这个优势。

步骤4：最后删除一个优势

步骤5：讨论

（1）请同学们描述一下自己在每次删除优势之后的心情。

（2）你最后留下的是什么？说说你的理由。

（3）说一说你该如何对待你的优势和能力。

四、方法指南

懂得真诚地接纳和认可自己，我们的生活将会变得格外美妙。不妨试一试，按照下面的例句，写出三句评价自己的话。

（一）例句

1.虽然我不漂亮，但是我乐于助人，所以有很多人喜欢我！

2.虽然我长得比较胖，但是我也能为班争光，运动会上的铅球比赛我得了冠军！

3.虽然我长得比较矮小，但是我有音乐天赋，琴弹得好，歌也唱得特别好听，现在已经有了不少粉丝！

（二）自我评价

1. 虽然我_____，但是_____

2. 虽然我_____，但是_____

3. 虽然我_____，但是_____

五、心理科学链接

活出自信，走向幸福

很多时候，如果我们觉得自己很厉害，就会强化对自己的评价，也就是无意中提高了对自己的主观评价，那有什么方法能够帮助我们提升完成任务的信心呢？心理学家阿尔伯特·班杜拉提出来的以下几种方法都可以供我们参考。

第一，可以幻想自己成功的样子。成功的喜悦可以强化自己做事的能力和动力，情绪又可以反过来影响我们的自我效能感。如果你充满了自我效能感，自信心和动力就比较强，走路就非常快，而且可能就是因为你走起来非常快，进而也可以强化自己内在的自我效能感。

第二，寻求支持。当我们得到别人的关怀、支持和照顾时，我们就会感到温暖、幸福和积极。这样的一种心理能力可以拓展我们解决问题的方法，强化信心，从而也能够提高我们的自我效能感。

第三，累计成功。从细小的进步和成功开始，不断地提升自己的信心，不断地鼓励和肯定自己，用这样一种量化的进步来衡量自己的成功，继而让自己找到提高自我效能感的方法。

第二节
我是谁？

一、《论语》导读

（一）跟我读

子夏曰："君子有三变：望之俨然，即之也温，听其言也厉。"

——《论语·子张》

（二）跟我译

子夏说："君子会使人感到有三种变化：远望时庄严有威，接近时温和可亲，说话时则严厉不苟。"

二、心灵启航

"我是谁？""我是一个什么样的人？""我为什么活着？""我的人生意义是什么？""什么才是我想要的？"你问过自己这样一些问题吗？君子，既可以有庄严的形象让人敬畏，也可以有温和可亲的形象让人接近。你是否可以在不同的情境下清晰地感知自己的能力？

作为初中生，我们正处于青春期，这是人生的重要时刻，也是人格发展的关键时刻。我们应该如何找到自我，更好地发展健康的人格呢？

三、积极体验

（一）寻人启事

每个人根据自己的外貌、性格、爱好、特长等，写出一则别具特色的寻人启事（不能出现自己的名字），然后交给老师。由老师随机抽取几

则寻人启事，让同学们猜一猜这个人是谁。

思考与讨论：

1. 你在过去的生活中是如何看待自己的？

2. 通过这次活动，你对自己有了新的认识吗？

（二）别人眼中的自己

轻轻闭上眼睛，想一想自己在别人眼中是什么样的，将你想到的填写在表1-1中。

表1-1　别人眼中的我

爸爸眼中的我	
妈妈眼中的我	
同学眼中的我	
朋友眼中的我	
老师眼中的我	
邻居眼中的我	
现实生活中的我	
理想（期望）的我	

思考与讨论：

看着"他人眼中的我"，你有什么感觉？

四、方法指南

（一）提高沟通的能力和水平，深入挖掘心理潜能

我们在进入青春期后，自我认知能力逐步提高，但心理上还没有完全成熟，与人沟通存在不足。因此，首先我们要认识自己的能力，努力学习科学文化知识，赢得他人的尊重和认同；其次要对自己有清晰的认知，不可脱离实际，不然会出现焦虑、自卑、愧疚、孤独等心理问题。

（二）培养知行合一的感情和态度，系统调节心理平衡

青少年正处于青春期，总认为自己各方面都很成熟了，对外界的刺激比较敏感，情绪不太稳定，容易在处理与他人的社会关系时忽冷忽热。但当我们认清情感和态度、拥有丰富的情感体验后，就会主动关心他人。

（三）明确目标，坚定信念，全面提升心理动力

目标是为了达到特定目的而设定的一系列行动计划和时间表，它能引导我们看清自己的优势，努力向上。

五、心理科学链接

如何培养孩子健全的人格？

蔡元培先生在《中国人的修养》一书中说道："决定孩子一生的不是学习成绩，而是健全的人格修养！"健全人格的培养并不是学校教育阶段的独属，而是伴随着一个人的终生。家庭作为培养孩子健全人格的重要环境因素，有着至关重要的作用。

首先，父母要给孩子树立好榜样，端正自身态度，规范言谈举止。

其次，平等对待孩子，给孩子充分表达自己观点的机会，尊重孩子的爱好与习惯。命令式的教育手段容易使孩子形成敏感、多疑、自卑、易怒、抑郁、焦虑等不健康品质。

再次，营造良好的家庭氛围。父母需要统一战线，不要在孩子面前因为琐事而争执吵闹。不和谐的家庭氛围是导致孩子心理闭塞的重要原因之一。

最后，多与孩子交流，陪伴并激励孩子。沟通促进父母对孩子内心真实世界和真正情感需求的了解，尤其是青春期的孩子，更需要父母耐心真诚的沟通。父母切不可用粗暴的方式对待孩子。

第二章　自我认知偏差

第一节
跟刻板印象说"不"

一、《论语》导读

（一）跟我读

子曰："唯女子与小人为难养也，近之则不孙，远之则怨。"

——《论语·阳货》

（二）跟我译

孔子说："只有女子和小人是难以相处的。亲近他们，他们就会无礼；疏远他们，他们就会抱怨。"

二、心灵启航

同学们，我们是否会遇到以下问题？

1.开学要搬书，派男生还是女生？

2.班级要出文艺表演，该由谁负责？男生还是女生？

3.同样违反校规、班规，处罚重的会是男生还是女生？

4.是否经常听到家长和老师说男生理科好，女生文科好？

以上问题有标准答案吗？《左传·宣公二年》中说："人谁无过？过而能改，善莫大焉。"孔子在《论语》中将女子和小人并提，认为这些人是难以相处的，这种说法对吗？接下来，就让我们共同寻找答案，跟刻板印象说"不"。

三、积极体验

（一）性别大轰炸

1. 全班分为两组，男生一组，女生一组。给学生10分钟时间，各自想出对方性别上的优缺点。

2. 每组派出两名学生到中间进行"优点大轰炸"游戏。一组先开始，两人面对面，轮流以这样的句式轰炸对方："你身为女生比较幸运，因为……"每组以两分钟为限。两分钟之内，若哪一方无法说出更多优点，则失败；若时间到了，双方都仍未失败，则视为平手。

3. 每组派出两名学生到中间进行"缺点大轰炸"游戏。一组先开始，两人面对面，轮流以这样的句式轰炸对方："你身为女生比较倒霉，因为……"每组以两分钟为限，两分钟之内，若哪一方无法说出更多缺点，则失败；若时间到了，双方都仍未失败，则视为平手。

4. 游戏结束，老师对游戏做出说明，让学生认识到性别刻板印象的局限性，并鼓励他们不能囿于刻板印象，要充分发展自我的个性。

（二）帮忙理烦恼

刚上高中的成成最近有一个烦恼，一直以来他的文科成绩和理科成绩差不多。因为听说男生适合学理科，女生适合学文科，所以爸爸妈妈极力建议成成读理科。成成内心很纠结，因为他对文科的兴趣似乎不像对文科那么浓厚，但是他也担心自己学了文科以后比不过女生。成成到底该怎么选择呢？

四、方法指南

刻板印象属于一种偏见。有的人对他人有固化印象，如梳着长头发、穿着喇叭裤的男孩子就不是好孩子，男孩子认为女孩子依赖性强、爱撒娇等。那么，如何消除这些固有、刻板的偏见呢？

（一）增加平等接触与深入了解

不平等的接触妨碍双方相互深入、细致的了解，还容易产生先入为主、刻板化的判断，这种判断往往会对社会地位低者不利。同样，表面上的接触通常也只能导致双方之间肤浅、形式化的认识。

（二）建立共同目标与合作性的奖励

社会心理学家谢里夫在对暑期夏令营的研究中发现，竞争可以引发两组原来互不相识的群体相互敌视和产生偏见。那么，该如何消除这种敌视和偏见呢？在实验室中，谢里夫破坏了营区的供水系统，使两个群体都面临共同的命运，并且解决这个困难只有依靠两个群体的相互合作。结果证明，共同的命运与合作性的奖励，是消解群体间敌对情绪和偏见的重要途径。

五、心理科学链接

除了刻板印象，日常生活中还有哪些常见的认知偏差？

（一）晕轮效应

晕轮效应是指人们在交往认知中，对方的某个特点、品质往往会掩盖人们对他其他品质和特点的正确了解。

（二）首因效应

首因效应是指交往双方形成的第一印象对今后交往关系的影响，即"先入为主"带来的效果。这些印象和观点也许是不正确的，却是非常牢固的，并会影响人们对他人以后一系列行为和表现的看法。所以，如果初次见面你就给别人留下了非常好的印象，那么，日后别人就更愿意与你接近。

（三）近因效应

近因效应是指当人们识记一系列事物时，对末尾部分项目的记忆效果优于中间部分项目的现象，即交往过程中，我们对他人最新的认识往往占据主体地位。比如，我们去机场接朋友的路上，脑海中回忆起来的画面更多的是他最近和我们在一起时的样子。

第二节
拒绝贴标签，我们本就不一样

一、《论语》导读

（一）跟我读

子曰："射不主皮，为力不同科，古之道也。"

——《论语·八佾》

（二）跟我译

孔子说："比赛射箭，不在于是否穿透靶子，因为每个人的力气大小不同，这是古时候的规矩。"

二、心灵启航

每个人都是独特的生命个体，有不同的性格特点和行为处事的方式。正因为如此，我们的生活和社交才会变得多姿多彩。

也许我们有不同的智力水平、发展能力和优势劣势，但只要最终都能通过个人努力实现自己的人生价值，便实现了最终的成长目标。正如屈原在《卜居》中所说："夫尺有所短，寸有所长；物有所不足，智有所不明；数有所不逮，神有所不通。"

愿你拥有"一点浩然气"，任享"千里快哉风"，不被标签左右，认识自我，活出最奔放、最敢于拼搏的自己！

三、积极体验

（一）多彩的图画

1.同学们听老师发出的指令，按照自己的理解来画画。

2.老师发出指令：草地上有一座尖顶的房子，房子周围有高大的树木，树下蹲坐着一只可爱的小动物。画好之后，涂上自己认为好看的颜色。

3.作品完成后，请同学们互相看一看，每个人画得是否一样。

思考与讨论：为什么听到相同的指令，大家画出来的画会有这么大的差别？

（二）填满的水杯

1.4人一个小组，老师发给每组一个水杯。

2.各组充分讨论，发挥各自的聪明才智，用自己认为最合适的物品和最合适的方式将空杯填满。

3.小组分享选择的填充物和思路。

_____

_____

_____

_____

四、方法指南

（一）多角度接触人

只有接触不同类型的人，才会明白每个人的想法都是不一样的，性格特点、完成一件事的方法、思考同一件事的角度有可能也是不同的，这样才会更深刻地体会到"人是一个独特的个体"这句话。

（二）全方位观察人

当你面对一个给你第一印象不好的人，先不要急着下定论，因为他很有可能是另一种性格的人，所以要保持一种开放的状态，全方位地仔细观察，认真相处，说不定你还可以交到一个新朋友呢！

五、心理科学链接

自我焦点效应

我们对自我的感觉往往处于我们周围世界的核心位置，因此我们倾向于把自己看作世界的核心，同时也会高估别人的行为与自己行为的关联度。例如：我们经常把自己看作某个事件的主要负责人，但实际上自己也许只是在这个事件中扮演了一个很小的角色；当我们评判其他人的表现和行为时，经常下意识地将他们的行为与自己的行为相比较；当我们和别人聊天时，如果突然听到其他人提到我们的名字，我们的注意力马上就会转移到其他人的议论之中。这就是我们对于与自我有关信息的敏感程度的真实反应。

康奈尔大学的心理学家吉洛维奇和他的同事通过一系列实验证明了这种自我焦点效应。他们让康奈尔大学的学生穿一件特殊的上衣参加一个晚会，穿这件上衣的人猜测大概有一半的同学会注意他的上衣，而实际上注意到这件上衣的人只有23%。这种自我焦点效应适用于我们对自己的服装、发型、焦虑情绪及吸引力的判断。

第三章　发挥优势

第一节
赞美之花处处开

一、《论语》导读

（一）跟我读

子谓子贡曰："女与回也孰愈？"对曰："赐也何敢望回？回也闻一以知十，赐也闻一以知二。"子曰："弗如也；吾与女弗如也。"

——《论语·公冶长》

（二）跟我译

孔子对子贡说："你和颜回相比，谁更好一些呢？"子贡回答："我怎么敢和颜回相比呢？颜回听到一件事就可以推知十件事；我呢，听到一件事，只能推知两件事。"孔子说："是不如他呀，我和你都不如他。"

二、心灵启航

懂得欣赏他人，才能发现他人更多的优点，并从他人身上汲取能量来提升自己，而发现他人优点的前提是拥有一颗公正的心，真诚地欣赏和赞美他人，同时客观地看待自己。

当孔子问子贡，他和颜回两个人谁更加优秀时，子贡能如此诚恳而真实地表达并赞美颜回，既让我们看到子贡对颜回的欣赏，同时也表现出他个人的自知与谦逊。多赞美他人，让赞美之花处处开。

三、积极体验

（一）优点大转盘

1.以 8～10 人为一组，每位同学写出本小组成员的优点（写出的优点一定要真实、诚恳）。

2.各小组成员围坐一圈，圈内放置两把椅子，同学们依次坐上其中一

把椅子，一位成员坐定后，其他成员顺次坐上另一把椅子。然后，坐定的成员说出对面成员的优点，或给予鼓励性评价。

3.活动结束后，每组选两位成员分享自己的心理体验。

（二）夸夸你的父母

请你写出你最欣赏父母的三个特点：

1._____

2._____

3._____

父母为你做过的最让你感动的三件事情：

1._____

2._____

3._____

思考与讨论：

1.你有什么感悟？

2.你真的了解父母吗？

3.父母身上还有哪些特点是值得你学习的？

四、方法指南

并非所有赞美都能使人高兴，赞美也需要技巧。让我们来试试这样的赞美吧！

（一）真诚的赞美

赞美的话要真实，要养成第一时间给他人以肯定的习惯，不要在有事求人时才称赞他人，太过功利的赞美会让人怀疑和不屑。

（二）诚挚的感谢

感谢他人，实际上就是你对他人所做事情的尊重和赞美。所以，要常把"谢谢"挂在嘴边。

（三）具体的赞美

具体的赞美相较于抽象、概括的赞美，听起来更加真诚，对于不熟悉的人尤其如此。当你觉得同桌的作文写得好时，与其说"你真是个了不起的作家"，不如说"这个故事真不错"，或更加具体地说"这个故事的开头太精彩了！它深深地吸引了我"。

（四）含蓄的表达

有时候，自己不好意思直接赞美他人，可以通过转述别人的话"某某觉得你……"来赞美对方，这样的赞美会使双方都觉得更自然、更舒服。

五、心理科学链接

笑容是治愈一切的良药

笑是表达感情的方式，是一种特殊的语言。控制笑的神经区域位于大脑的最原始部位，在人类爽朗的笑声出现之前的数千年，动物世界中就已经有了包括笑在内的各种传情达意的方式。比如，猩猩在相互玩耍的时候会发出类似笑的声音。人的笑来源于主管情绪的右脑额叶，每笑一次，就能刺激大脑分泌一种让人欢快的激素——内啡呔。它能使人心旷神怡，对缓解抑郁症和各种疼痛十分有益。

美国密歇根州的韦恩州立大学的欧内斯特·阿贝尔和迈克尔·克鲁格收集了 230 张来自 1952 年的美国职业棒球大联盟选手注册时拍的登记照片，然后，邀请其他人按照嘴周围的肌肉、颧骨肌、眼角周围的肌肉、眼轮匝肌等活动情况对照片打分。结果发现，截至 2009 年 6 月 1 日，照片里笑容越灿烂的球员，寿命越长；笑得最灿烂的一组球员比最不会笑的一组球员的平均寿命要长 7 岁。

所以同学们，在赞美别人的同时，也请不要吝啬你的笑容！

第二节
发挥才干，做最好的自己

一、《论语》导读

（一）跟我读

德行：颜渊，闵子骞，冉伯牛，仲弓。言语：宰我，子贡。政事：冉有，季路。文学：子游，子夏。

——《论语·先进》

（二）跟我译

德行好的有：颜渊，闵子骞，冉伯牛，仲弓。擅长言辞的有：宰我，子贡。擅长政事的有：冉有，季路。通晓文献知识的有：子游，子夏。

二、心灵启航

孔子曾给他的学生分类，认为不同的学生有不同的特点，也有各自擅长的领域，有的学生德行好，有的学生擅长言辞，有的学生擅长政事，也有的学生通晓文献。我们只要发挥各自的优势，都可以在自己的领域里有所建树。孙中山曾在《上李鸿章书》中说道："人能尽其才，地能尽其利，物能尽其用，货能畅其流——此四事者，富强之大经，治国之大本也。"如果能做到这四点，我们的国家必兴旺强盛。而"人能尽其才"排在首位，可见，要发挥每个人的优势与强项是多么重要。

那么你呢？你有什么擅长的领域可以为自己的人生添彩，你又希望自己在哪些方面有所发展呢？

三、积极体验

（一）自我清单

1.写下自己的名字，在名字下面列出自己拥有的才能。想一想，为什么觉得自己具有这些才能？还有哪些自己想要获得的才能？

2. 以组为单位讨论分享，组员之间分享并提出没有被自身发现的才能。

3. 在班级内和大家分享。

（二）"不务正业"的前途

张华学习很努力，可是因为基础太差，成绩总是不理想。一想到将来，他的情绪就十分低落，还常常问自己："我将来能干什么呢？老师说我不是读书的料，奶奶说我体质差干不了重活，父母说我做生意准赔本。唉，难道我天生就是个废物？"

然而，天无绝人之路。张华的一位老师偶然看到了他那些"不务正业"的泥塑作品，赞赏不已，建议张华的父母让他去学习雕塑，将来报考美术学院。张华的父母抱着试一试的态度，为他请来美术老师，没想到这个见了数理化就头疼的"笨"儿子，竟然真的有艺术天分。经过几年的努力，张华果然考入了美术学院，还在学校的新生美术作品展中取得了第一名。

思考与讨论：这个故事说明了什么？

四、方法指南

每个人都应该好好挖掘自己的才能。你可以这样做：

（一）勇于尝试

由于你很可能对自己的天赋视而不见，所以最好的开始就是尝试不同的可能性。

（二）善于反思

你有没有过完全忘我的时刻？一旦开始做某件事，就忘记了时间的流逝。这件事很可能就蕴含着你的才能。

（三）发挥潜能

想想自己最感兴趣的领域及自己的特长，这么做不仅能帮你发挥潜能，还能让你看到自己在哪些领域有进一步发展的可能。

（四）旁观者清

旁观者或许对你擅长的事能看得更清晰。问问周围的人，他们通常会很乐意告诉你。确保问的是充分了解你又愿意说真话的人，他们能从不同的角度回答你，有时比你自己还要了解你。

五、心理科学链接

人类的个人优势标准

积极心理学的核心发起人彼得森和马丁·塞利格曼通过调查研究，将人类的个人优势归结为以下6大类24小类（见表3-1）。

表3-1　人类的个人优势

智慧	①创造性；②好奇心；③批判性思维；④好学；⑤洞察力。
勇气	①勇敢；②毅力；③诚实；④热情。

仁爱	①爱与被爱的能力；②善良；③社交智慧。
公正	①团队精神；②公平；③领导力。
节制	①宽恕；②谦虚；③谨慎；④自制。
卓越	①对美的欣赏；②感恩；③乐观；④幽默；⑤灵性。

同学们，如果你们想要测量自身的显著优势，可以试试优势的行为价值问卷（values in action inventory of strength，VIA-IS）。该问卷分为成人版与青少年版，是根据积极心理学"人类的个人优势标准"的行动价值分类体系编制的，能区分所有24种优势在个人身上的不同体现程度，从而识别被测试者所具有的6大显著优势。

第三节
最特别的我

一、《论语》导读

（一）跟我读

子曰："求也退，故进之；由也兼人，故退之。"

——《论语·先进》

（二）跟我译

孔子说："冉求总是退缩，所以我鼓励他；仲由的胆量有两个人的大，所以我约束他。"

二、心灵启航

同学们，如果你们看过《西游记》，一定对故事里的主角孙悟空、猪八戒、沙和尚和唐僧印象深刻吧！你会如何描绘他们各自的性格特点呢？

正如孔子在《论语》中所讲的，冉求有遇事喜好退缩的弱点，所以要勇敢一些；仲由冲动好勇，就要懂得约束。这世界上的每一个人都千差万别，每个人都不是完美的，充分了解自身的性格特点，接纳自己的不完美，并且努力发挥自己的优势，适当的时候扬长避短，我们就会找到自己最好的状态。

三、积极体验

（一）我的优势卡片

1.制作优势卡片（表3-2）。

表3-2　优势卡片

我认为自己拥有的优势	同学们认为我还有的优势

2.完成之后，请同学们分小组交流，6人一小组，每个人轮流说出其他同学身上还有哪些优势，并填写在该同学的优势卡片中"同学们认为我还有的优势"栏里，要求表达准确，写具体的优点，而不是套话。

思考与讨论：

1.通过活动，你是否发现你以前没有发现的优势？

2.你觉得同学们所说的优势自己有吗？

3.当你听到同学们说出你的优势时，你有什么感受？

你可以将优势卡片随身携带，每天早晨都拿出来默念一遍，一周后回顾：本周以来你的优势带给你什么样的变化和感受。

（二）猜猜我是谁

1.每人拿出一张白纸，不要写姓名，在纸的正面写下自己好的性格特征，在背面写下自己不好的性格特征，越详细越好，记住自己所写的内容，写好后交给老师。

2.老师随机抽出几份，然后读出每一张纸上的内容，让同学们猜猜看，纸上说的究竟是谁。如果你"有幸"被猜中了，恭喜你，你对自己的性格特征有比较清晰的了解。当然，你也要注意，你不好的性格特征也会被大家了解，而且和你对自己的看法非常相近，你打算怎么办呢？

四、方法指南

学会分析自己的性格特征并在此基础上不断完善自己的性格，你将变得更加优秀。如何培养自己良好、健康的性格呢？

（一）测试

那么，首先通过心理测试、自己和他人的评价，对自己的性格有一个比较全面而客观的了解。

（二）爱好

培养自己广泛的业余爱好，提高自己多方面的能力，进而发现自己最擅长的爱好并有意识地锻炼和发展。

（三）乐观

知足者常乐，对自己定的目标、提的要求要切合实际，这样才会使自己不断地达成目标，心情愉悦。

（四）自信

增强自信，不以别人的评价作为行为准则。非原则性的问题，不必过分拘泥细节。

五、心理科学链接

弥补短板不如发挥优势

盖洛普公司曾对 51 家公司、10885 支团队、308798 名员工进行了长达 3 年的追踪研究。研究发现，能够发挥自身性格优势的员工在争取顾客方面表现得更加优异，工作效率提高了 44%，在生产力方面提高了 38%；善于发现及应用自己下属性格优势的经理成功的可能性高达 86%，这是建立在 2000 多名经理优势调查的基础之上的。

所以，弥补缺点其实不如发挥优势，但这并不意味着对缺点可以置之不理，而是说通过发挥我们的性格优势来弥补缺点，严重的缺点仍需要克服。

第四节
还能多做一点点

一、《论语》导读

（一）跟我读

子夏曰："仕而优则学，学而优则仕。"

——《论语·子张》

（二）跟我译

子夏说："做官有余力的人就可以去学习，学习有余力的人就可以去做官。"

二、心灵启航

每个人都拥有无限发展的潜力。同学们，审视自己，当发觉自己已在某一方面有了不错的成绩，是否还可以多做一点，让自己在更多方面有所建树呢？

《论语》中，子夏告诉我们做了官还有余力就去多学习，学习后还有余力就可以再考虑去做官。《弟子规》中"有余力，则学文"也告诉我们要利用一切可以利用的空余时间，让自己多做一点，多学一点。三国时期魏国的董遇，就是这样的一个人。他自幼生活贫困，但知识渊博，于是人们纷纷找他请教学习的方法。董遇告诉他们："冬者岁之余，夜者日之余，阴雨者时之余也。"学习要利用好这三余，也就是三个空余时间：冬天是一年的空闲时间，晚上是一天的空闲时间，雨天是平日的空闲时间。人们恍然大悟，原来，他就是利用这些别人休闲娱乐的时间来读书学习，以提高自己的水平。所以，在我们成长的道路上，充分利用好时间，多做、多学一点，总会成就更好的自己。

三、积极体验

（一）挑战不可能

1. 请一位同学走到教室的墙边，伸展一只手臂，尽可能去触摸墙的高处，记录他指尖所能达到的高度。

2. 休息一下，请他再次伸展手臂，在刚才的地方再竭尽全力去触摸更高的地方，记录下来，其他同学要注意他指尖伸展的高度是否不断增加。

思考与讨论：

如果这是你的成长，你是否还能让自己有更多的提升？可以在哪些方面有所提升？

（二）追忆成功往昔

思考问题并将你的答案写在空白纸上。

1. 写下成功。在纸上写下你觉得自己曾做过最成功的事（如成功地参加了一次比赛，考试得过最满意的分数等），同时列举完成这些事需要哪些技能。

2.回顾收获。在过去的学习和生活中，你还掌握到了哪些能力和本领，将它们一一写下来。

3.思考需要。想想你平时参加的活动都需要哪些技能，写下来。

4.交流分享。写完之后，同学们分为4人一组，分享彼此所列的技能，互相讨论还可以在哪些方面提升。

四、方法指南

如何发现自己更多的潜力？看看下列方法吧！

（一）心理暗示法

经常给予自己积极的暗示，有利于提高信心和增加勇气，也有助于我们发掘潜能。

（二）目标假定法

在心中想象出一个比自己更好的"自我"形象，能够激发自己的斗志，释放自己的潜能。

（三）光明思维法

世界上的事物都有光明和黑暗两面，用积极的思维法，即光明思维法，就能看到事物光明的一面。

（四）实践操作法

只有在实践中才能激发潜能。我们从小事做起，培养有利于激发潜能的习惯。

有了这么多方法，现在，请你利用好自己的时间，让自己每天进步一点吧！

五、心理科学链接

如何激发孩子的潜能？

每个孩子都是一块尚未开采的金矿，他们现在所展现出来的部分只是全部能力的冰山一角。家长该如何唤醒和激发孩子的潜能，引导孩子真正发挥自己的优势与特长呢?

首先，对孩子设立恰当的期望。这建立在对孩子有正确客观了解的基础之上，既知道孩子的优势，又清楚孩子的不足，并不断引导孩子发挥优势，尽力补足弱势。同时，调整自己对孩子过高或过低的认知，将期望值设在恰当的水平，不与其他人进行比较，引导孩子努力超越之前的自己。

其次，鼓励孩子勇敢尝试。歌德曾经说过："没有人事先了解自己到底有多大的力量，直到他试过以后才知道。"告诉孩子："你只管去尝试、去探索、去失败，记得你的身后永远站着我们……"让孩子大胆尝试，并树立信心，这样有助于孩子知道自己是有潜力的。当然，如何在孩子失败后安抚他的情绪，让他整装待发，也是很考验家长的一件事。因此，家长需要不断学习，在帮助孩子不断探索的过程中建立信心。

最后，尊重理解，营造和谐的家庭氛围。和谐的家庭氛围是激发孩子潜能的基础。只有家庭氛围和谐，家长采用民主的教养方式，才可以更好地为激发潜能创设条件。

第四章　品格优势与美德

第一节
谦虚是幸福人生的护身符

一、《论语》导读

（一）跟我读

子曰："君子无所争。必也射乎！揖让而升，下而饮。其争也君子。"

——《论语·八佾》

（二）跟我译

孔子说："君子没有什么可与别人争的事情。如果有的话，那就是射箭比赛了。比赛时，先相互作揖谦让，然后上场。射完后，又相互作揖再退下来，最后登堂喝酒。这就是一种君子之争。"

二、心灵启航

同学们，在学习的过程中，你们遇到过类似的情况吗？有的同学考好了，沾沾自喜，骄傲自大，结果下一次就考得一塌糊涂；有的同学谦虚谨慎，脚踏实地，成绩波动不大，但是一步一个脚印地稳步前进。

大家观察一下，不管是成绩好的同学，还是人际关系比较好的同学，他们大都有一个共同的特点——谦虚。正如孔子所说的"君子无所争"，即使要争，也是彬彬有礼地争，即强调谦逊礼让。抱有谦虚之心，就能远离灾难，如同有了人生的护身符。三国时期的政治家、军事家诸葛亮曾说过："不傲才以骄人，不以宠而作威。"清末维新派政治家谭嗣同亦说："不骄方能师人之长，而自成其学。"从古至今，无数仁人志士都在告诉我们，谦虚是幸福人生的护身符。

三、积极体验

（一）你的优点我来说

同学们，每个人都有自己的优点，我们要培养一双发现美的眼睛。有些优点是你具备的，有些优点是你不具备的。现在，请所有同学围成一个相对的同心圆。

1. 首先，外圈的同学保持不动，内圈的同学需要在规定的时间内，面对外圈的同学说出任意一个外圈同学具备的但内圈同学不具备的优点。

2. 内圈的同学说完之后立即顺时针（或逆时针）移动到下一位外圈同学的面前，重复上一个动作。

3. 内圈中最快完成这个游戏的同学，在结束游戏后，换外圈同学进行

游戏。

思考与讨论：

这个游戏的目的是什么？

你有什么体会与收获？

（二）绝处逢生

准备：

将一个细口瓶放在支架上，下端放一个酒精灯。

1. 选 15 个学生上前，为每个学生发一块被细绳系住的巧克力。

2. 请学生们将巧克力放入细口瓶里，手握细绳一端。

3. 老师点燃酒精灯，告诉学生巧克力代表我们每一个人，细口瓶代表我们住的一所"大房子"。假如发生了火灾，大家如何在熊熊烈火烧毁"房子"之前从狭小的出口逃出来呢？

思考与讨论：

这个游戏的目的是什么？做好这个游戏的要领是什么？

四、方法指南

在生活中，我们如何才能保持谦虚呢？给大家分享几个小方法。

（一）增强自我认识

我们要全面认识并正视自己的优缺点，但不要拿自己的优点和别人的缺点做比较。

（二）善待每一个人

我们要克服目空一切的毛病，做到心中有他人、处处为别人着想、尊老爱幼，还要能取他人之所长，补己之短。

（三）善于接受批评

我们可以试着在做事前征求一下别人的意见和看法，这样通过别人的友好提醒，接受别人善意的批评，能很快改变自己固执己见、唯我独尊的毛病。

（四）控制自身行为

一个人在社会上，如果不合时宜地过分张扬、卖弄，那么不管他多么优秀，都难免遭到明枪暗箭的攻击。

五、心理科学链接

为什么中国人看起来更谦虚？

中国人的文化习惯是一切问题都以对方为中心，比较倾向于照顾对方的情绪，这与传统文化倡导的谦虚、礼让息息相关。《论语·学而》第十节中，子贡曰："夫子温、良、恭、俭、让以得之。"其中"让"字有"谦让"的意思。在中国文化背景下，我们更习惯于问"你想吃点什么？""你想要看哪一场电影？"等。但是在英语文化中，人们往往偏好于从自身的角度出发，比如："我可以帮你吗？"

这是因为，东方文化的集体主义提倡的是相互依赖的自我，把自己看作社会网络的一部分，而且试图通过维持与社会网络的和谐关系来定义自我。相互依赖的自我，强调的是个人与社会的联系，其追求的是社会关系对他的认同，强调适应社会环境，强调为他人做贡献、为他人服务。

西方文化的个人主义提倡的是独立的自我，把自己看作一个独立的、有自主性的且与他人有冲突的个体。独立的自我，强调自我与社会环境的分离性，强调的是一种稳定的、单向的自我认识，强调内心的体会、思想和意图，强调生活的意义是追求独特性、表达自我和自我实现，所欣赏的交流和互动是直接的交流和互动。

第二节
成为一名高段位人际能手

一、《论语》导读

（一）跟我读

子曰："君子成人之美，不成人之恶。小人反是。"

——《论语·颜渊》

（二）跟我译

孔子说："君子成全别人的好事，而不促成别人的坏事。小人则与此相反。"

二、心灵启航

小如今天早上一到学校，就兴奋地给大家展示妈妈昨天给她买的一条漂亮的公主裙。小晴看见了，脱口而出："我听说这条裙子是你表姐穿着小，被你妈妈要过来给你的啊！"小如立刻黯然失色，从此再也不理会小晴。在生活中，你遇到过类似的情景吗？

孔子说过，要行为庄重，与人和谐，我们只有把别人放在心上，一言一行总关情，真心对待每一个人，懂得换位思考，不使别人陷入尴尬的境地，才可能拥有和谐的人际关系，成为人际交往能手。

三、积极体验

喔！我喜欢和你……

1. 本活动亦适合于户外举行。

2. 请同学们分成两排面对面站立，听老师阅读下列问题：

（1）如果你突然急需帮助，你会向班上哪位同学求助？为什么？

（2）如果你遇到了不开心的事，想找人谈心，你会找班上哪位同学？为什么？

（3）如果你想放松放松，你会找班上哪位同学？为什么？

（4）如果你想和别人探讨学习上的问题，你会找班上哪位同学？为什么？

（5）你觉得班上人缘最好的同学是谁？为什么？

3.思考结束后，请同学们移步至没有障碍物的空间，进行搭肩活动。接着，老师读第一个题目，学生则走到其所写答案的同学的身旁，将手搭在他的肩上。待所有学生都站定后，老师再读下一个题目。

思考与讨论：

1.当你搭在别人肩上，或被别人搭肩时，你是什么感觉？当时你想到了什么？

2.对你而言，什么特质的人是你较易相处的？

3.这样的特质与你是相似还是互补？

4.有哪些特质，你的看法和其他人一样？而哪些是不一样的？

四、方法指南

人与人的交往是需要智慧的，以下分享给大家几个有用的方法——"两不两要"。

（一）不马上否定别人的看法

我们要有同理心。别人开口讲话，不要马上毫不留情地给予否定。比如，别人说："今天好冷啊！"有人马上就会说："哪里冷，这么大太阳。"

（二）不当众撕毁别人的脸面

俗话说"打人不打脸，骂人不揭短"，可偏偏有人就爱用揭人短来显示自己的优势，这样的人不可能会有朋友，千万别成为这样的人！

（三）要让别人成为谈话的主角

如果有人正在说话，突然被别人打断了，你要立即寻找机会让先前说话的那个人再次变成谈话的主角。这种细致的觉察和关心，一定会让你赢得很多朋友。

（四）要把出彩的机会让给身边的朋友

独占心理很容易让你失去朋友。要获得大家的友谊，可以把出彩的机会让给别人。这样他们会更感激你，更愿意与你为伴。

五、心理科学链接

幽默的积极效应

"幽默"一词最早出现在屈原《楚辞·九章·怀沙》的"眴兮杳杳，孔静幽默"中，表示寂寞无声、安静的意思，现在我们所说的"幽默"是英语音译过来的，最早由国学大师林语堂先生提出来，1923年第一次出现在《北京晨报》的副刊上。

加拿大心理学家罗德·马丁和他的同事曾经发现，人和人的幽默感是不一样的，他们把人的幽默风格分成四种类型：亲和型、自强型、嘲讽型和自贬型。

亲和型的幽默是以温和的方式，比如，讲笑话、临机应变的回答或者与他人开玩笑来促进团结和和谐；自强型的幽默主要是为了减压或者作为一种个人的心理防御体系，比如，乐观主义者即使在遇到压力或者厄运的时候也能让自己开心；嘲讽型的幽默是指通过批评和操纵别人以提升自己在人际关系中的重要性，经常使用的方法包括嘲弄、嘲笑、玩弄、讽刺、挖苦、愚弄别人等；自贬型的幽默是指过度使用自嘲讨好他人，包括通过过度的自我贬低、自我挫败和愤世嫉俗来挖苦和嘲弄他人，以贬低他人的重要性。

一般来讲，幽默感强的人，人际关系比较好。他们能够很快地缩短跟别人之间的心理距离，赢得对方的好感和信赖。他们随便说一句幽默的话就可以破冰，可以让陌生人产生会心的快乐。而缺乏幽默感的人，社会交往能力相对弱一些，也会使自己在别人心目中的形象大打折扣。

第三节
拒绝眼前的"棉花糖"

一、《论语》导读
（一）跟我读
颜渊问仁。子曰："克己复礼为仁。一日克己复礼，天下归仁焉。"
——《论语·颜渊》
（二）跟我译
颜渊问怎样做才是仁。孔子说："克制自己，一切都照着礼的要求去做，就是仁。一旦这样做了，天下的一切就都归于仁了。"

二、心灵启航

一位名叫沃尔特·米歇尔的心理学家在美国斯坦福大学的比英幼儿园进行了"棉花糖实验"。在实验开始前，工作人员为每个孩子都准备了一块棉花糖，并告诉孩子，他们可以立刻吃掉这块棉花糖，但是如果能过15分钟再吃，就可以再得到一块棉花糖。于是，有的孩子立刻吃掉了棉花糖；有些孩子等了一会儿，但没有到规定的15分钟；只有极少数的孩子能够等到规定时间，成功吃到两块棉花糖。

孔子说过，他之所以能成为学识渊博的人，在于他不仅爱好古代的典章制度和文献图书，还具备勤奋刻苦、思维敏捷的品质。中国古代还有很多关于抵制诱惑的例子。春秋时期宋国贤臣子罕，主管建筑工程等事务。有个人得了一块玉，将它献给子罕。子罕拒收。献玉之人说玉是珍宝。子罕说："我把不贪财当作珍宝，你视玉为珍宝，我们各自持有珍宝。如果你将玉给了我，我们都会失去珍宝。"由此可见，自我控制力是一个人的优秀品质，我们要拒绝眼前的"棉花糖"。

三、积极体验

（一）手机的诱惑

生活中，手机的诱惑实在是太大了。你可以试一试挑战这个有趣的诱惑，看看自己能否抵挡住。

记录自己每天玩手机的时间，做到每天玩手机的时间为前一天的一半，坚持一个星期。开始也许会有些难，但是坚持下去会很有成就感，加油吧！别忘了记录下你在这一个星期里内心的所想、所感。

（二）习惯养成互助小组

1. 在好朋友中，选出一个铁面无私的管理员和多个负责任的值班员。管理员需要和大家一起制定规则，值班员负责统计打卡情况。 在进入习惯养成互助小组时，每个人交现金或拿出一个对自己很有价值的物件，比

如，300元或一个亲手制作的精美航模（额度不能太低，否则很容易放弃）。

2. 每个人设置一个打卡目标并将目标分享到小组中，再将你的成果在每日打卡群中分享出来。但注意你的成果必须有依据，比如，你读了30页书，可以写一篇读书心得或者展示你的读书笔记，证明你自己所言不虚。

3. 同样的打卡目标最能激发大家的求胜心。每个人都做同样的事情，互相之间还有比较，求胜心更能激发出潜力。

4. 如果你坚持打卡21天，最初上交的钱或物件将会返还给你。如果你两天未完成打卡，很遗憾，钱或物件将被归入互助小组的奖励资金，分给所有坚持下来的人。

5. 习惯养成打卡21天结束以后，将会有两天的休整时间。这两天内，互助小组的成员们要做这两件事——颁奖和总结。用缺席打卡成员的钱或物件，奖励给坚持下来、养成了好习惯的小组成员。有重要贡献的小组成员，还可以获得额外的奖励。另外，每个人都要总结这21天自己的心路历程和收获。

四、方法指南

如何提高自我控制力呢？以下方法很有效，试一试吧！

（一）自我认知，制定目标

把自己的梦想和目标及实现目标的途径写在纸上，找出自己哪些行为是缺乏自律的表现，并寻找导致自己难以自律的原因。当诱惑来临，有不自律行为发生时，请大声读出自己的目标，及时提醒自己。

（二）保持自律，养成习惯

自律不是一时就能养成的，它是一个艰辛的过程。我们可以从坚持做一件小事开始，看似每天微小的改变，却影响着自制力的形成。比如，按时起床，按时完成学习计划，都可积少成多，锻炼自律能力。

（三）面对诱惑，自觉远离

比如，青少年抵制吸烟诱惑，既要约束自己不买烟，也要不与吸烟的同学做朋友。自觉远离影响自律的各种诱惑。

（四）群体效应，锻炼意志

像习惯养成互助小组一样，组织或加入一个志同道合的群体，如健身群、读书会、书法群等，大家一起参加活动，在群体中相互影响，培养意志力。

五、心理科学链接

心理学中的"戒生定，定生慧"

自控力指的是人对自己欲望、冲动、本能的一种控制和操纵的能力，体现在我们的节制、戒律、淡定、纪律等方面。

自1969年开始，在50多年里，心理学家做了3300多篇有关人类自控力的研究，结果显示，自控力对我们的学习、成就、个人地位、人际关系，甚至我们大脑前额叶的面积和容量都有非常正面的影响，正如中国人讲的"戒生定，定生慧"。

研究表明：在经济方面，童年时自控力越强的人，他未来越有计划，越喜欢储蓄，越愿意理财，信誉越好。同样，研究还发现，童年时自控力越强的人，未来的犯罪率越低。

第四节
向内而生，自我反省

一、《论语》导读

（一）跟我读

孔子曰："君子有九思：视思明，听思聪，色思温，貌思恭，言思忠，事思敬，疑思问，忿思难，见得思义。"

——《论语·季氏》

（二）跟我译

孔子说："君子要从九个方面用心思考：看时要思考是否看清楚；听时要思考是否听清楚；自己的神态要思考是否温和；仪容要思考是否谦恭；言谈时要思考是否忠诚；办事时要思考是否谨慎认真；遇到疑问时要思考是否应该向别人询问；愤怒时要思考是否有后患；获取财利时要思考是否合乎义的准则。"

二、心灵启航

"望着卷子上那个令人沮丧的分数，听着妈妈絮絮叨叨的分析，我很伤心。但我知道，现在不是伤心的时候，我必须先分析一下这次考试我为什么考砸了……不该错的题目错了，是我的失误。这说明我没有细心检查，基础知识掌握不牢固。遇到这种情况，我以后绝不会再犯错……"六年级的小宇期中考试后在反思中这样写道。

孔子也曾要求自己和学生们对一言一行都要认真思考和自我反省。自我反省是一种让人再生的内在力量。孔子曾说："见贤思齐焉，见不贤而内自省也。"从小学进入初中，我们需要反省的有很多：我有没有目标？我想要怎样的人生？我对将来的憧憬是什么？现在的我对自己的学业有没有规划？现在的我是如何不断提升自我的？现在的我有什么优点和缺点？现在的我有没有竭尽全力……向内而生，方能做到有效的自我反省。

三、积极体验

（一）每日自省挑战

面对问题时，人们总是说："我不是故意的""这不是我干的""没有人不让我这样做""本来不会这样的，都怪……""这不是我的错"。

这些话是什么意思呢？

"我不是故意的"是一种请求宽恕的说法。通过表明自己并无恶意而推卸部分责任。

"这不是我干的"是最直接的否认。

"没有人不让我这样做"表明此人想借着装傻蒙混过关。

"本来不会这样的，都怪……"是凭借扩大责任范围来推卸责任。

"这不是我的错"是一种全盘否认。否认是人们在逃避责任时常用的手段。当人们乞求宽恕时，这种精心编造的借口经常会脱口而出。

这样通过找借口来逃避责任的人常常因侥幸逃脱而自鸣得意。他们从来不反省自己的错误产生了什么影响，因此他们常常原地踏步，难以进步。或许每日自省5分钟，可以让你绕开找借口逃避责任的误区。

（二）我是问题解决家

场景1：期末考试的成绩实在不理想，我应该仔细想想复习时的方法和内容，看看问题到底出在哪里。

场景2：前几天，朋友说我很有演讲天赋，建议我参加演讲比赛。但是我因为害怕失败，不敢参加。这样是不是错失了一个很好的机会？我这样做究竟对不对呢？我要好好想想。

思考与讨论：

和小伙伴们聊一聊，你是否有过场景中主人公的烦恼，并说说你将采取哪些改进措施。

四、方法指南

要进行自我反省，最好是在一段时间结束之后，如周末、月末、年末。下面有几条自省方法可供参考。

（一）正确归因，避免推责

诚恳而客观地审视周围的形势，不要一遇到问题就归咎于别人，多从自己身上找原因。

（二）复盘错误，计划改进

分析失败的过程，总结原因，重拟计划，采取必要的措施，以求改进。

（三）想象成功，树立自信

在重新尝试之前，想象自己圆满地处理工作或妥善处理问题时的情景，以增强自己的信心。

（四）忘记失败，迎接未来

把足以打击自信的失败记忆统统抹去，让它变成未来成功的养料。

五、心理科学链接

控制愤怒的情绪

我们知道，当一个人极端愤怒时往往就无法深谋远虑，正如传统文学作品中的人物——无论是张飞还是李逵，动不动便要杀他个片甲不留的猛将似乎永远是谋略不足的。因此，当我们反思后可以发现，控制自己的愤怒情绪是十分必要的，发表在《人格与社会心理学》杂志上的心理学研究表明：愤怒情绪确实使人变得"目光短浅"——当看到令人愤怒的图片之后，人们更倾向于不把具体的事物归到一个类别中。也就是说，人们在概念思维上的"视野"变窄了，更多地看到事物的个性，而非个体和类别的联系。

第五节
做一位优雅的自我管理者

一、《论语》导读

（一）跟我读

颜渊喟然叹曰："仰之弥高，钻之弥坚。瞻之在前，忽焉在后。夫子循循然善诱人，博我以文，约我以礼，欲罢不能。"

——《论语·子罕》

（二）跟我译

颜渊感叹地说："（对于老师的学问与道德），我抬头仰望，越仰望越觉得高；我努力钻研，越钻研越觉得不可穷尽。看着它好像在前面，忽然又像在后面。老师善于一步一步地诱导我，用各种典籍来丰富我的知识，又用各种礼节来约束我的言行，使我想停止学习都不可能。"

二、心灵启航

有这样一则寓言：王大伯在山上的鹰巢中找到一只幼鹰，他把幼鹰抱回家，放在鸡笼中喂养。从此，幼鹰每日在鸡笼中，和鸡一起嬉闹、啄米，它认为自己和鸡没有什么不同。幼鹰渐渐长大，显露出鹰的模样。此时王大伯想将鹰训练为猎鹰，可由于和鸡一同成长，鹰已经养成了鸡的习惯，既没有飞的愿望，也没有飞的能力。王大伯想尽了办法，都不起作用。最后王大伯把鹰带到高处，狠心将它扔了出去，这只鹰像块石头一般掉了下去，它不得不拼命扑打翅膀。就这样，原本像鸡一样的鹰终于飞起来了！

这则寓言告诉我们，如果我们不懂得自己去拼搏、去发掘深藏的潜能，那么将永远不能展翅翱翔，而只能是一只被关在笼子里的小鸡。这也许就是自我管理的真谛所在吧！几千年前的孔子，能与他的学生一道严格遵循礼的约束，后来成为大家，给予后人不尽的激励。荀子也曾说过："木受绳则直，金就砺则利。君子博学而日参省乎己，则知明而行无过矣。"木材经墨线比量过就变得笔直，金属制的刀剑拿到磨刀石上去磨就能变得锋利。君子广博地学习，并且每天反省自己，那么他就会充满智慧并且行为没有过错了。我们要如孔子和荀子一般，做一位优雅的自我管理者。

三、积极体验

（一）假如我有分身术

有一天晚上，你的家庭作业很多，但爸妈临时有事要出门，还把一岁半的妹妹托给你照看。于是，发生了下面的事情：

1. 同学向你问作业（接电话）；
2. 风雨来袭（收衣服）；
3. 煤气灶上的水开了（关煤气）；
4. 妹妹哭了（抱小孩）；
5. 门铃响起，邻居来访（开门）。

思考与讨论：

此时，如果这五件事情同时发生，你会怎么处理呢？

小组讨论5分钟，每个小组请一名代表将本小组讨论的结果说一说。

（二）最熟悉的陌生人

根据以下自我意识探索表（见表4-1）的提示，请你认识自己，完成对自己的探索。通过自我意识探索表，你会更了解这个"最熟悉的陌生人"，在日后的学习和生活中也能不断地增强自我认知能力！

表4-1　自我意识探索表

事项	自我认识	自我体验	自我调控
生理自我	对自己身体、外貌、风度等方面的认识	自豪感还是自卑感？	我对自己瘦弱体质不满意，因此我比较注重锻炼。
心理自我	对自己人际关系、在集体中的地位等方面的认识	自豪感还是自卑感？	我对自己糟糕的人际关系不满意，我希望得到更多人的喜欢并正在努力。
社会自我	对自己智力、性格、气质、兴趣等方面的认识	自豪感还是自卑感？	我觉得自己性格活泼，希望继续保持这一优点。

想一想：表格中哪些地方是自己不满意、可以不断改进的，哪些地方是自己满意、应该继续保持的，在表格中做上标记，从一点入手，依次选择，每天一点一点地改变自己。

四、方法指南

如何正确而有效地改变自己呢？不妨试试以下这些方法。

1. 培养健康的心态，如正确降压、适应变化、发展和他人的关系。

2. 做好完整的规划，如审视自我、确定目标、制订行动措施、评估反馈。

3. 养成良好的习惯，如生活规律、坚持计划、守时、适度、主动沟通、学会说"不"。

4. 抵制不良的诱惑，如学会自制，从对自己一点小小的约束开始。

五、心理科学链接

孩子时间管理的问题与对策

在家庭教育中，父母通常可能会产生这样一种感觉：明明作业不多，可孩子还是会拖延着写至深夜，让父母非常头疼。的确，刚上初中的孩子确实会存在对时间认知不足、时间利用率不高、拖延等问题。

那么，如何帮助孩子进行时间管理呢？

对于性格急躁、缺乏耐心、好强的孩子，父母要引导他培养细致耐心的习惯，同时注意沟通的方式，避免过于强硬。在帮助孩子制订计划的过程中，引导他放慢学习的节奏，不要过于急躁，同时夸奖他的认真与耐心，让他体会到成就感。

对于性格活泼、爱表现、热情开朗、喜欢人多的环境、说得快、做得也快的孩子，父母需要帮助他增强时间观念，引导他制订计划、遵守规则，同时强调重点任务与时间节点，不断督促孩子做事的进展，养成总结归纳的习惯。

对于性格温和乖巧、听话的孩子，他们的特点是做事速度慢，爱犹豫，喜好顺从。这类孩子需要父母训练他在指定时间做指定的事以提高效率，帮助他制定目标，提升时间规划与分解的能力。这种孩子往往缺乏自信，父母在与其沟通的过程中要多鼓励孩子。

第六节
做一名正直的好少年

一、《论语》导读

（一）跟我读

子曰："苟正其身矣，于从政乎何有？不能正其身，如正人何？"

——《论语·子路》

（二）跟我译

孔子说："如果端正了自身的行为，管理政事还有什么困难呢？如果不能端正自身的行为，怎能使别人端正呢？"

二、心灵启航

一位来自偏远山区、家境贫寒的女学生以优异的成绩考上重点大学一事，在网络上引起热议，但她因为交不起学费而忧心忡忡。一家生产脑力保健品的公司了解后，向她提供资助，但需要她帮助公司做广告，声明服用了该公司的保健品之后，才取得了如此优异的成绩。

面对自己可能因为交不起学费而失学的现实情况，女学生却没有答应。她这样说道："我的学习成绩是由于老师的辛勤努力和自己的刻苦学习而得来的，我从未服用过任何保健品。我家虽然贫困，但如果我撒谎做了这样的广告，违背了自己的良心，以这样不光彩的手段上了大学又有什么意义呢？"

明代著名政治家于谦，向来以刚正清廉闻名朝野。当时，外任官员每年回京述职，多有人携带名贵土特产向皇亲国戚送礼，而他每次都是两手空空，不凭关系，只凭政绩。有人劝他入乡随俗，他不但不接受别人的建议，还让家人挂出一块牌子表明自己两袖清风，不收受任何贿赂。"两袖清风"

的成语便由此而来。

从两千多年以前的孔子到今天的这个贫困女学生，都坚守正直的道德底线，从来没有变过。我们亦然，必自励以成为一名正直的少年。

三、积极体验

（一）坚守正道的光

小区里李阿婆家窗户上的玻璃被打碎了，她正在到处询问是谁打碎的。君君和芳芳看见是光伟打碎的，芳芳想告诉李阿婆，君君赶忙拉住她说："光伟的爸爸是局长，他妈妈还很厉害，我看咱们就别掺和这事了。"

提问：你赞成谁的做法？你想对君君说点什么？

（二）世界上另一个我

当自己没有坚持正义和诚实，面对不义之事不敢上前劝阻时，请尝试与自己对话。

1.以自己的名字开头："＿＿＿＿＿＿，我不欣赏你，因为你＿＿＿＿＿

_____。"

2. 将对话录音，播放给自己听，听时假想录音里说话的是另外一个人。

3. 当你听到这样的评价时是什么感受？你该如何改正自己的行为呢？请将想好的感受和方法写下来。

4. 将第三步写下来的感受和方法，大声念出来，并录音。

5. 最后，将第二次的录音播放给自己听。

四、方法指南

诚实正直说起来简单，坚持做到却不是件轻松的事！那我们怎么才能做到诚实正直呢？你有一些好方法吗？

（一）坚定不移

正直经常表现为坚持不懈、一心一意地追求自己的目标，拥有坚韧不拔的精神。

（二）从小事做起

要求自己在任何一件小事上做到不编造谎言。当你没有勇气说出真话的时候，请真诚地告诉对方，说明自己的难处与苦衷，而不要去重复那些不真实的流言蜚语。

（三）勇于行动

做一个诚实正直的人，相信你已经心动了，但更重要的是行动！我们应该时刻提醒自己，做人做事不要口是心非，更不要试图耍小心思、投机取巧。从自己做起，勇敢地伸张正义吧！我们要相信：一个真诚的、正直的人最终是会使人折服的。

五、心理科学链接

值得深思的服从实验

两个被试一起来到实验室，一个被要求担任"老师"进行提问，另一个担任"学生"回答问题。如果学生答错问题，老师被要求对学生进行电击（学生坐在对面的房间里，实际上他不会受电击）。其间的一些喊叫声是实验人员播放的，听起来就像是那个学生处于痛苦之中喊出来的。假若那个老师在实验的过程中表达出希望停止电击的意愿，实验人员会促使他继续下去。结果发现，在第一次实验中，65%的被试执行了最痛苦的450伏电击，即使许多被试明显处于巨大的心理压力状态下，对于继续进行电击感到不自在、焦虑，甚至痛苦。

为什么这些"施罚者"会如此"残忍地"去伤害别人呢？其实人性中的善恶往往是在一念之间，在强大的权威面前，我们有时很容易放弃良知，被动地去做那些邪恶的事情。同学们，你们可以做到无论何时何地都能坚守良知，做正直的少年吗？

第七节
我能脑筋急转弯

一、《论语》导读

（一）跟我读

子曰："不愤不启，不悱不发。举一隅不以三隅反，则不复也。"

——《论语·述而》

（二）跟我译

孔子说："教导学生，不到他想弄明白而不得的时候，不去开导他；不到他想说出来却说不出来的时候，不去启发他。教给他一个方面的知识，他却不能由此而推知其他三个方面的知识，那就不再教他了。"

二、心灵启航

约翰·法伯是来自法国的一位著名心理学者，他曾经做过一个名叫"毛毛虫悲剧"的实验。这个实验把许多毛毛虫放在一个圆形的容器中，首尾相连，接成一圈，并在容器周边不远的地方放上毛毛虫爱吃的松针。毛毛虫有一种习惯跟随的属性，一个接着一个，绕着容器边缘一圈一圈地走。一分钟过去了，十分钟过去了，一天过去了，这些毛毛虫依旧绕着容器的边缘在转圈。最后，毛毛虫不停地走了五天五夜后，因为体力耗尽而相继死去。

孔子是中国古代优秀的老师，他的教育理念至今给人们很大的启发。孔子希望能点亮学生的思维，从而让学生达到触类旁通、举一反三、灵活变通的境界。这种举一反三、灵活变通的能力正是毛毛虫所缺乏的。导致毛毛虫悲剧的原因就在于毛毛虫不懂变通，固守原有的习惯和思维。这么多的毛毛虫中，如果任何一个毛毛虫能开拓新路径，就可以不让集体的悲剧发生。人类的思维也是这样的，一旦固守某一种思考方式，就会失去灵活变通的能力，只能沿用固有的思维方式思考问题，不愿意也没有能力换个角度想问题，这是很多人的思维难题。

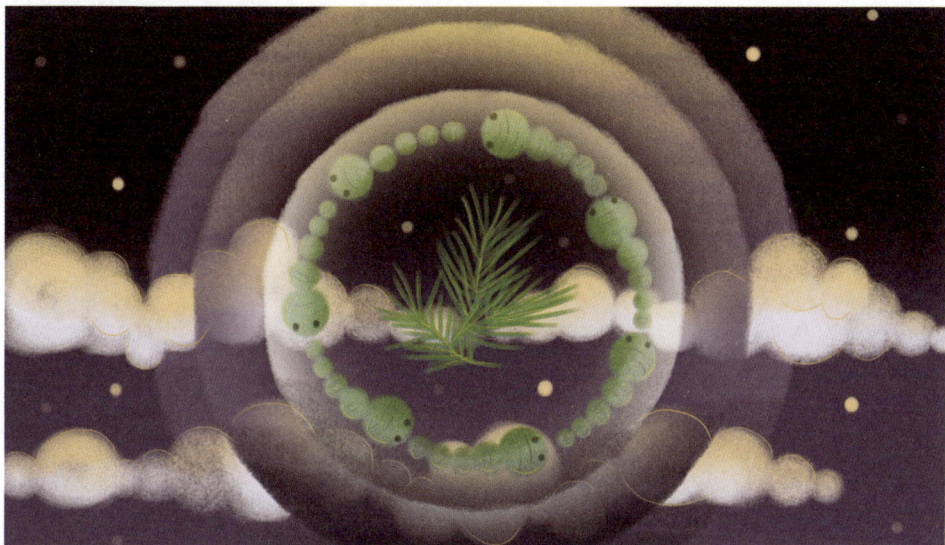

你做过脑筋急转弯吗？脑筋急转弯正是体现了灵活变通的开放性思维，这种思维弥足珍贵。假如你拥有了开放性思维，能够脑筋急转弯，你的人生将会有另一种景象！

三、积极体验

（一）思维热身：你看到了什么？

讨论：

（1）当画面呈现5秒时，你看到了什么？

（2）仔细观察画面30秒，你又看到了什么？

（3）除了人物，你还发现了什么图景？

（二）思维风暴：如何把梳子卖给和尚？

1.5人为一组，选出一名组长。每个小组讨论"如何把梳子卖给和尚？"。看哪个小组提出的方案能卖给和尚最多的梳子，并在实际生活中具有一定的可操作性。

2.模拟情境，选出一名组员扮演和尚，其他组员开始推销，并在"活动感受记录卡"上记录本组推销梳子的成果。

思考与讨论：

（1）你推销梳子前是怎么想的？

（2）在你和小组同学讨论的过程中，你们从哪几个方面思考，从而制定出卖梳子的方案？

（3）制定方案的过程中，你有什么感受？

四、方法指南

打破一面墙很简单，但转变自己固定的思维方式却需要我们不懈的努

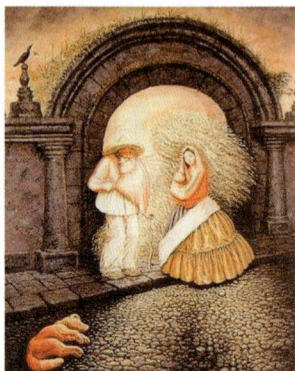

力。通过以下这三步，也许能帮助你学会灵活变通，不妨试一试！

（一）接受它

每个人的成长过程中都会形成一套自己的思维方式，这是合理且正常的，请不要因此感到羞愧、焦虑。正视、接受自己在思维上的困境，是学会灵活变通的第一步。

（二）观察它

明确在什么情况下你会使用固定的思维方式思考问题。一般情况下，当你面对挫折时，比如，被同学误解时，学校篮球赛输球时，往往就是固定的思维方式爆发的时间。

（三）改变它

固定的思维方式会让你感到安全，保护自己不受挫折，但这样的思维方式不利于你的成长。请你将固定思维及时刹车，换个角度思考事情。这是学会灵活变通的第三步。

五、心理科学链接

好奇不会害死猫

"好奇害死猫"是一个众所周知的谚语，来自1920年美国著名剧作家尤金·奥尼尔创作的剧中台词，可事实真的是这样的吗？好奇真的会使我们受到伤害吗？

心理学家认为，好奇心强的人会更多地被生活的积极方面吸引，将注意力分配给他们感兴趣的主题，所以他们不太专注于消极方面。相关理论认为，好奇心的直接表现是学习、探索和沉浸在有趣的事件中。其中，探索有助于学习新事物、结识新朋友和培养新技能。由此，广博的知识储备、宽广的视野、优秀的处理问题的能力及良好的人际关系，都会驱散消极影响，从而使人保持健康向上的心态。

第八节
学习的"永动机"

一、《论语》导读

（一）跟我读

子曰："吾尝终日不食，终夜不寝，以思，无益，不如学也。"

——《论语·卫灵公》

（二）跟我译

孔子说："我曾经整天不吃饭、彻夜不睡觉去左思右想，结果没有什么好处，还不如去学习。"

二、心灵启航

同学们会不会抱怨学习的辛苦呢？有个 16 岁的女孩儿在网上分享了自己的经历。她的成绩不理想，觉得在校学习就是煎熬。初中毕业不久，就外出打工，逃离"灰暗"的校园。打工半个月后，她的想法却完全改变了。每天流水线上的工作长达 10 个小时，中午没有休息时间，晚上 9 点之后才能下班；工厂里的工作是简单而又重复的，即使喝口水也会导致流水线上货物堆积，被主管批评。一整天下来，她像机器一样不停地工作，仿佛成了流水线上一颗螺丝钉。这时，她想起了曾经厌恶的校园时光，怀念起经常向她催要作业的老师。她在博客中说："上学真好，读书真幸福，打工太苦了。"

先哲对待学习的态度是虔诚、恳切那样，如果你希望将来有更多的机会选择人生，如果你想不负青春、不负韶华，唯有勤奋好学、兢兢业业。"好学"是一种学习习惯，是对学习未知知识的一种态度；"好学"是为了探究真理、追求真理。愿你能拥有一台学习的"永动机"。

三、积极体验

（一）情景剧剧场

人物：哥哥、弟弟、弟弟的同学。

道具准备：课桌椅、作业本、笔。

哥哥：弟弟，少壮不努力，老大徒伤悲。

弟弟：哥，你烦不烦？我觉得读书没什么用，老爸没读多少书，不是照样赚大钱？你也不必太用功，应付应付老师就行了。

哥哥：我才不要像你这样子！学校里的生活多有意义啊，而且每当我经过努力取得好成绩时，我会很快乐。校园是我获取知识的地方，是我和朋友们学习与成长的花园。

弟弟：（情绪低沉）我也曾努力过，但是成绩没见好，烦死了。而且每天不是做作业就是考试，没意思极了，要不是爸妈非让我上学，我才不上呢！

哥哥：学习会有考试，可考试不是学习的唯一理由啊！你这样怎么可以呢？

同学们，让我们一起说说学习的理由吧！

（二）知识的海洋

我们做任何事都有自己的理由，那对于我们每一个人来说，我们为什么要学习呢？

我们先来看看一位同学的学习理由：为了将来有个好工作；学习很有趣；为了老师能表扬我；为了父母高兴。

以上几条就是他学习的原因和动力。此时，他正在靠浮板的浮力在知识的海洋里冲浪呢！

画浮板：看到这里，想不想也写一写自己学习的理由呢？现在请你为自己画一些浮板，并在上面标出学习的理由。

找区别：请同学们对这些理由进行分类，看看你学习到底是为了谁。有的是为自己，有的是为老师，有的是为家长。

涂色：请你把写着"学习是为了自己"的浮板涂成红色，把剩下的浮板涂成蓝色（表示学习的外部动因）。

数一数：现在数一数你画的浮板中有几个红色浮板、几个蓝色浮板。

思考与讨论：

1. 你手中什么颜色的浮板比较多？这说明了什么？

2. 小组讨论学习原因，比较自己的学习原因和大家的有什么不一样。

3. 说一说这些原因对你的学习产生的积极影响和消极影响。

四、方法指南

（一）高效记忆

1. 存放整齐。如果你记忆时死记硬背，回忆时也许能回忆出其中一部分，另外一部分却怎么也想不起来；但如果你将记忆整齐"存放"，画了思维导图，或者做了结构化要点，这时如果你回忆出一个点，就能想到其他的点。

2. 增加线索。回忆时，如果只有一个线索，当你把这个线索忘了，就提取不出记忆。比如，回忆你的一个蓝色衬衣放在哪里，你就可以多给它几个线索。第一，它在某一个柜子里；第二，它和某件灰色的衣服放在一起；第三……

（二）刻意训练

1. 刻意练习。请花 80% 的时间练习不会的部分。刻意练习意味着我们要学会拆解目标，对细节部分反复练习，而不是每次把书从头到尾再看一遍，把所有题目从头到尾再做一遍。试着弄个错题本，把不会的题目记在错题本上，反复练，经常练，花更多的时间去练，把时间用在刀刃上。

2. 快速反馈机制。游戏之所以有趣，是因为它的快速反馈机制。只要累积了一定量的经验值，就可以立刻升级。反馈机制可以是自己建立的，可以是身边的亲密伙伴给的，可以是文字反馈，还可以是语音反馈，强迫你用自己的话来解释书中的知识。你也可以时不时地回听自己的录音，不断改进。

五、心理科学链接

庖丁解牛

"庖丁为文惠君解牛，手之所触，肩之所倚，足之所履，膝之所踦（yǐ），砉（xū）然向然，奏刀騞（huō）然，莫不中音。合于《桑林》之舞，乃中《经首》之会。"

梁惠王在震撼之余，情不自禁地问庖丁："你解牛的技术为什么能做到如此出神入化、行云流水？"庖丁回答："三年前解牛，我眼中只见牛；三年后解牛，眼中无牛。"因为此时此刻，他已经进入一种极致的体验状态，也就是我们所说的心流状态。

为什么有的同学投入学习之后，就可以跟庖丁一般很轻松地进入心流状态，全身心陶醉于学习之中，并不需要任何外在的奖励就可以体验到学习的快乐呢？

美国心理学家米哈里认为产生心流状态有三个很重要的因素：

第一，清晰的目标——当我们知道自己需要达到什么目标，得到什么结果时，我们更容易产生福流体验。

第二，及时的反馈——我们做的所有事情，都向我们提供了准确的、有意义的、快乐的反馈，激发出我们从事这个行为的强烈动机。

第三，技能和挑战的完美匹配——当我们所面临的挑战特别困难时，我们很容易产生挫败的感觉；而当我们的挑战特别容易的时候，我们就会产生单调、厌倦的感觉。只有当我们的技能和挑战处于一种最佳匹配的状态时，才往往容易让我们进入一种心流状态。

第九节
照照心灵的"镜子"

一、《论语》导读

（一）跟我读

曾子曰："吾日三省吾身——为人谋而不忠乎？与朋友交而不信乎？传不习乎？"

——《论语·学而》

（二）跟我译

曾子说："我每天多次反省自己，（我）为别人办事是不是尽心竭力了呢？（我）同朋友交往是不是做到诚实可信了呢？老师传授给我的学业是不是复习了呢？"

二、心灵启航

人要学会与自己对话，而自我反省便是最好的对话方式。反省犹如一面镜子，透过这面镜子，便可看到内心深处的自己，看到自己的优势和劣势。人生的道路是充满坎坷的，我们或许会跌倒，或许会失败，但不要气馁。学会反省，这一次跌倒后的反省将会比轻而易举获得的成功更有意义。我们或许会有不足，但若能够时刻反省自己，并在反省的过程中改正不足，这样充满反省的人生就充满了无限向上的可能。唐代的神秀禅师曾有两句偈语："身如菩提树，心如明镜台。时时勤拂拭，勿使惹尘埃。"常反省自己就如勤擦拭镜子，能使镜子中的我们愈发清晰，使我们愈加了解自己。下面就让我们一起开启自省之旅吧！

三、积极体验

（一）写写自己的优缺点

1. 请同学们分别列出自己的五个优点与缺点，填在下边的横线上。

优点：

（1）_____

（2）_____

（3）_____

（4）_____

（5）_____

缺点：

（1）_____

（2）_____

（3）_____

（4）_____

（5）_____

2. 两人为一组（最好为前后桌），请你找出另一位组员的五个优点与缺点，并填在下边的横线上。

优点：

（1）＿＿＿＿＿＿＿＿＿＿＿＿＿＿＿＿＿＿＿＿＿＿＿＿＿＿

（2）＿＿＿＿＿＿＿＿＿＿＿＿＿＿＿＿＿＿＿＿＿＿＿＿＿＿

（3）＿＿＿＿＿＿＿＿＿＿＿＿＿＿＿＿＿＿＿＿＿＿＿＿＿＿

（4）＿＿＿＿＿＿＿＿＿＿＿＿＿＿＿＿＿＿＿＿＿＿＿＿＿＿

（5）＿＿＿＿＿＿＿＿＿＿＿＿＿＿＿＿＿＿＿＿＿＿＿＿＿＿

缺点：

（1）＿＿＿＿＿＿＿＿＿＿＿＿＿＿＿＿＿＿＿＿＿＿＿＿＿＿

（2）＿＿＿＿＿＿＿＿＿＿＿＿＿＿＿＿＿＿＿＿＿＿＿＿＿＿

（3）＿＿＿＿＿＿＿＿＿＿＿＿＿＿＿＿＿＿＿＿＿＿＿＿＿＿

（4）＿＿＿＿＿＿＿＿＿＿＿＿＿＿＿＿＿＿＿＿＿＿＿＿＿＿

（5）＿＿＿＿＿＿＿＿＿＿＿＿＿＿＿＿＿＿＿＿＿＿＿＿＿＿

3. 对照你自己所写的优缺点，看看对方列出的与你所想的差异大吗？反省一下为什么会出现这种情况，并思考之后能做出怎样的改进。

（二）分析试卷错题

1. 拿出几张卷子，看看上面有哪些错误是以前犯过的，比如，没审清

题意、作文跑题、要点记不牢、简单计算出现错误等，并把重复犯的错误归类记在表 4-2 中。

表 4-2 易错点归纳

序号	错误类型	错误原因
1		
2		
3		
4		
5		

2. 思考重复犯错的原因，并反省是否与平日做事习惯、学习态度有关。

3. 根据易错点归纳，对错题成因做一个总结，并思考日后怎样来减少失分。

　　总结：_____

　　_____

　　改变：_____

　　_____

四、方法指南

　　反省并非难事，时时皆可开始。给你支几招，可以学会更好地反省！

　　（一）时刻反省要谨记

　　有句老话说，"不撞南墙不回头"，别等到栽跟头才开始反省。大部分人不栽跟头不会真的反思，所以他们频频跌倒。而智者防患于未然，懂得瞻前顾后。

　　（二）反思日记很重要

　　坚持记录反思日记，能让人在一天天中不知不觉成长。睡觉前或者起床后，花 10 分钟反思自己过去一天的表现，看看有没有达到自己的期待，又有什么不足之处。把这些写在反思日记中，并给新的一天设定小目标。

　　（三）反省角度是关键

　　反省可以从做事方法、人际关系、自我品性、目标完成度几个维度着手。做事方法可以是听课效率与态度；人际关系可以是自己对待师长与朋友是否礼貌；自我品性可以是对待他人是否诚实友善；目标完成度可以是给自己设定的每日小计划是否按时完成。

　　（四）指责他人要避免

　　反省时不要钻牛角尖。反思是为了使我们成为更好的自己，所以不要过分纠结他人的是非对错，而是从自己出发，从思考明天如何做得更好出发。

五、心理科学链接

敬畏之心的心理学含义

德国哲学家康德说过:"有两种东西,我对它们的思考越是深沉和持久,它们在我心灵中唤起的惊奇和敬畏就会日新月异,不断增长,这就是我头上的星空和心中的道德法则。"儒学大师朱熹也说:"君子之心,常怀敬畏。"心有敬畏,行有所至。

美国加州大学伯克利分校的两位心理学教授在2013年尝试以心理学中的原型理论对敬畏进行科学定义。他们认为,敬畏包含两个核心特征:其一为知觉的浩大性;其二为顺应的需要。其中浩大性,可以是庞大的物理空间(如星空宇宙、高山大川),可以是社会地位(如有名望或权力的人)。除了核心特征,他们还提出敬畏可能存在的一些边缘特征,包括感受到的美好、卓越的能力、美德及超自然因果关系。

那么,产生敬畏的诱发源有哪些呢?心理学家将诱发源归为三种:其一是社会诱发源,比如权威;其二是物理诱发源,比如宏大壮丽的自然景观、建筑;其三是认知诱发源,比如宏大的理论。这其实与孔子说的"君子有三畏"不谋而合:社会诱发源产生的是敬畏大人,物理诱发源产生的是敬畏天命,认知诱发源产生的是敬畏圣人之言。

第十节
你有"火眼金睛"吗?

一、《论语》导读

（一）跟我读

子曰："视其所以，观其所由，察其所安。人焉廋哉？人焉廋哉？"

——《论语·为政》

（二）跟我译

孔子说："看一个人的所作所为，应观察他言行的动机，了解他安心于什么事情，这样，这个人的内心怎能掩盖得了呢？这个人的内心怎能掩盖得了呢？"

二、心灵启航

在孔子眼里，了解他人应当听其言而观其行，从他的言论、行动的缘由再到他做事的心境进行全面的观察，这样就能洞察一个人的内心，使他无法隐瞒。洞察力不仅可以用在对人的考察上，也可以用在对事与物的理解上。洞察力强的人，能够从多维度体察实情，不拘泥一个角度。

孙悟空练就的"火眼金睛"，其实就是拥有能够察言观色的洞察力。拥有洞察力的人，能够看见别人看不见的内在，从而明是非、辨好坏。同学们，你们也想拥有锐利的"火眼金睛"吗？只要平时用心观察、好好培养，相信你们也可以！

三、积极体验

1.启用观察能力，看画时问自己以下问题：你认为在这幅画里发生了

什么？从阴影处怎么判断光是从哪里射进来的？玻璃器皿上有其他物体的反射吗？

2. 除了以上这些细节，你还能观察到什么？

3. 试着分析看似不协调的细节背后的含义，并与同学交流你的想法。

小贴士：观赏一个画面乍一看是那么简单，但是实际上却呈现出一系列复杂的关系。通过长时间的观看去发现新的问题和更多的细节。这个过程就让我们意识到，我们不仅仅是在看，更是在观察了。

四、方法指南

那么，我们应该如何发现隐藏于表象下的事物，练就"火眼金睛"呢？教你几个小技巧。

（一）观察事物看整体

比如，一个讲台，当你在座位上目测时，认为它足够遮挡自己的小动作，站在讲台上却发现一览无余，它遮蔽不了老师的任何视线。

（二）调动感官是诀窍

我们不仅要关注眼睛所看到的，更要调动其他感官观察，从而窥得全貌，比如，教室里的气味，同学说话的分贝，朋友交流时是否直视你的眼睛。

（三）从他人角度看世界

努力从他人的视角观察世界，能让你看到的世界更加生动。要经常训练自己站在他人角度看问题的能力，这能增强我们的同理心。比如，站在老师的角度想想，自己贪玩不努力时，老师会多为你担忧。

（四）巧用偏见窥真相

不要把偏见当成事实，要利用偏见来发现事实。我们看到的事物并不是它们本来的样子，而是我们自己想象的样子。当你觉得同学的某些举动讨厌时，换个角度想想自己有什么不足之处，别人又是怎么看待的，这能扩展你的观察视角。

五、心理科学链接

看不见的大猩猩

不知道大家有没有发现，当我们的注意力集中在某些局部上时，我们会忽视很多显而易见的事实。伊利诺大学教授丹尼尔·西蒙曾做过一个心理学史上最著名的实验——"看不见的大猩猩"。在实验的影片中，有两队穿着不同颜色篮球服的学生，一队穿白色运动服，另一队穿黑色运动服。所有运动员都在不断地移动，而且互相传接篮球。除了穿白色与黑色运动服的学生之外，还有一个人利用服装道具把自己伪装成大猩猩，在人群中间走过并稍作停顿，模仿大猩猩对着镜头敲打自己的胸腔，然后走开。

观看结束之后，询问来参加实验的学生在他计传球数的时候，除了运动员，他还看到了什么，有没有看到大猩猩。

很有意思的是，在这项实验中大约有一半的人是没有看到大猩猩的。

但是当他们重新观看影片，不需要计数的时候，他们都能够轻而易举地发现人群中的大猩猩。很多志愿者很惊讶："我刚才怎么没有看到啊？"

到底是什么原因导致这么多人看不见大猩猩呢？其实这是一个直觉错误的范例，在心理学领域称为"无意视盲"。

我们有时会视而不见，或者一叶障目，主要是因为在生活中，我们需要一心一意地关注与自己有关的事物，目标很明确，所以我们对自己期待看到的事物是非常敏感的。那些意料之外的事情，一般来讲对我们没有太大的影响。但是现实生活中，有时候需要我们有一些出乎预料的创意，或者是观察到生活中与众不同的地方。这样的惊喜可能来自不经意的惊鸿一瞥，可能是路边偶尔听到的一段让我们产生兴趣的对话，也可能是偶尔吃到的美食，或者是看到的一本吸引我们眼球的书……这一切都可以叫作"生活中的大猩猩"。善于发现这些新奇的、有趣的、好玩的事物，往往会让我们喜出望外，也让我们保持一种开放的、吸收的、多元的心态，更容易培养我们思考新问题的能力。

第二篇

积极关系

第五章　同理心

第一节
"穿"上他人的鞋子走路

一、《论语》导读

（一）跟我读

子贡问曰："有一言而可以终身行之者乎？"子曰："其恕乎！己所不欲，勿施于人。"

——《论语·卫灵公》

（二）跟我译

子贡问道："有没有一个字可以终身奉行的呢？"孔子回答说："那就是恕吧！自己不愿意的，不要强加给别人。"

二、心灵启航

子贡能从两方面思考问题，希望别人不强加于他，他也不愿意强加于别人，说明他能想到换位思考。但是孔子认为，子贡难以达成这一愿望，因为换位思考需要改变的对象是自己，子贡却仍想着改变他人，没有真正做到换位思考。

当父母方知养儿艰，做老师方知育人难。有时候，"穿"上别人的鞋子走一走，亲身经历一番，你才知道对方的鞋有多硌脚，才明白他有多少难处，也才能切身懂得对方走的是什么样的路，理解他是如何看待事情的。做到换位思考，不仅要眼到、心到，更要做到。

三、积极体验

（一）心灵剪影

魔法大变身

大伟在学校是个不受欢迎的同学。他经常在课堂上插话，老师多次管教，他也不听；大伟做值日也不认真，常常糊弄了事。因此，同学们也不喜欢他，不愿意和他同小组。

假如我是大伟，我的感受是＿＿＿＿＿＿＿＿＿＿＿，我希望之后通过＿＿＿＿＿＿＿＿＿＿＿的努力来改变自己。

假如我是大伟的爸爸／妈妈，我会感到＿＿＿＿＿＿＿＿＿＿，我可以通过＿＿＿＿＿＿＿＿＿＿的努力来引导大伟。

假如我是大伟的同班同学，我的想法是＿＿＿＿＿＿＿＿＿＿，我可以通过＿＿＿＿＿＿＿＿＿＿来帮助大伟改正错误。

假如我是大伟的老师，我的态度是＿＿＿＿＿＿＿＿＿＿，我想通过＿＿＿＿＿＿＿＿＿＿的方法纠正大伟的不良习惯。

（二）我当小老师

1. 每个人都有自己的烦恼。学生会因作业太多而闷闷不乐，老师会因为学生不写作业而忧心忡忡。假如你是小老师，你会有怎样的烦恼呢？请把你的烦恼制作成烦恼单（表5-1）。

表 5-1 烦恼单

序号	烦恼的事
1	
2	
3	
4	
5	

2.当了小老师之后，请思考你平时的哪些行为让老师感到烦恼、忧虑呢？你可以做些什么帮助老师解决难题呢？如果老师的烦恼少一点，我们的学习也会更加快乐！

3.想法是宝贵的，更要落实于行动上！请将你的想法与同学们商议，用你的小妙招来帮助老师解决烦恼。老师一定会因你的努力而无比开心！

四、方法指南

这里有 4 个小妙招分享给你，试一试吧，能帮助你轻松地学会换位思考！

（一）学会倾听是关键

你和朋友的意见不同时，别急着辩解、指出对方的问题。或许你可以试着先听朋友解释，设身处地地理解对方的想法与处境。

（二）合理归因最重要

遇到问题时，应该多从自己身上找原因。假如你是班长，总有一些同学不遵守班规、不完成班级的任务，这时请不要着急埋怨，试着从同学们的角度出发。或许是你的管理方法和班规不够恰当，或许是你给同学们布置的任务不够清晰，导致他们不明白应该怎么做。

（三）改变别人非易事

每个人都是独立的个体，改变别人难，改变自己易，何必舍近求远？当同学们的说话声影响你的小憩时，你也可以将同学们的说话声当成训练抗干扰能力的良方。

（四）负面情绪转正面

当你换位思考后，与他人沟通时不以指责为目的，而是以关怀为出发点，思考他人的处境，这样才是有效的换位思考，能大大改善你的人际关系。

五、心理科学链接

古德曼黄金比例效应

2014年，美国著名心理学家约翰·古德曼和他的夫人茱莉亚对以"夫妻、情侣关系"40年来共同的科学研究经历进行了回顾。他们认为，沟通的艺术是夫妻之间维持长期关系和保持幸福最重要的因素。

他们指出，夫妻之间沟通的最优比例应该是5：1，即5个积极沟通对1个消极沟通。符合这个比例的夫妻关系是最幸福、最稳固的。这就是著名的积极沟通的"古德曼黄金比例"。古德曼指出：夫妻之间能否维持友好幸福的婚姻关系，在很大程度上是由他们之间的互动、沟通和交流的方式所决定的。

其实，不光是夫妻之间，同学之间、班级之间的沟通比例也符合"古德曼黄金比例"的效应。在维持任何形式的关系，以及人与人之间的交流时，体贴、宽容、同情、支持、感恩、尊重和欣赏都是非常重要的因素。在人们的生活中，少量善意的消极反馈是必要的，但同时要注意结合那些可以增强人们自信心、主动性的积极反馈与鼓励。这样才能最大程度上激励人们发挥自身优势，并在学习和工作中投入更多精力，激发创造力。

第二节
尊重他人等于尊重自己

一、《论语》导读

（一）跟我读

子曰："晏平仲善与人交，久而敬之。"

——《论语·公冶长》

（二）跟我译

孔子说："晏平仲善于与人交朋友，（别人与他）相处越久，便越尊敬他。"

二、心灵启航

孔子称赞齐国大夫晏婴，认为他与人为善，能够获得别人对他的尊敬，这是很不容易的。孔子一方面是对晏婴赞扬，另一方面则是希望他的学生向晏婴学习，做到"善与人交"，互敬互爱，成为有道德的人。

人际交往是相互的，你对他人倾注关怀，别人也将投桃报李。反之，你轻视别人，也将受到别人的轻视。理解同学，尊敬师长，是自尊自爱的另一种体现。

三、积极体验

（一）今天，你尊重他人了吗？

生活犹如一个大舞台，每天上演着许许多多的故事。请同学们睁大明亮的眼睛，观察生活，看看我们身边还有哪些尊重他人的行为。同时也反思一下自己，哪些行为没有做到，以后如何做。请整理出来写在表5-2中。

表 5-2 尊重总结表

生活中尊重他人的行为	我做到了吗？	今后我要这样做
遇见老师主动打招呼，不回避。	×	见到老师，我会主动向老师问好，做个有礼貌的好孩子。

整理好以后，我们要行动起来，改变自己不尊重他人的行为，并记下自己一周内的改进情况。

改进情况：

_____

_____

（二）心理剧场

情境 1：老师请一名学生讲一段话。学生在讲话时，老师东张西望，似乎在寻找某物品；或打断对方讲话，或是到同学中间处理问题。学生讲完后，老师追着问："你刚才讲的什么？再讲一遍。"

情境 2：两名学生分别扮演讲话者和倾听者，一名学生讲述自己有什么爱好，另一名学生看着别的地方，面无表情，看似认真地听，但无任何回应。

请表演的学生谈谈感受。

小贴士：通过以上的表演，我们明白，当别人说话时，你不认真倾听就会让别人不想再说下去，不想和你交流，长期这样，大家就与你渐渐疏远了。所以，倾听时理解与尊重很重要。

四、方法指南

给大家介绍几个小妙招，可以帮助你更好地理解与尊重他人。

（一）尊重空间留隐私

你和他人共享的任何空间都应该被尊重。家、学校、街道、公交车……这些你熟悉的地方同样也是他人所熟悉的。所以，一定要力所能及地把这些地方收拾干净或爱护公共环境。

（二）不同意见要倾听

即使完全不赞同，我们还是要尊重别人的观点。永远不要在争论中侮辱他人，可以说"我不赞成你的观点"，但绝不能说"你太蠢了，说得都不对"。

（三）议论他人最可耻

谁都不喜欢被当作谈资。想一想，当我们被同学背地里取笑时，自己的心情也不好受。不能改变他人，就先改变自己，别人和你说闲话时礼貌拒绝，比如"我不想说任何不能当面说的话"。

（四）伤害他人请道歉

如果伤害了别人，就要勇于道歉。不论是在言语或行为上，对他人造成了伤害，我们都要勇于先说出"对不起"。

五、心理科学链接

情绪低落会减少助人行为

情绪耗竭是指由于过度工作或者过度压力而导致身体与情感被过度消耗的疲劳状态。这是由于心理疲惫而表现出自控能力和心理健康水平的下降。很多人在发生情绪耗竭之后，往往会引发多种逃避的行为，如抑制自己的同情心与同理心，或者认为那些处于贫困之中的人的未来与自己毫无关系、不需要给予任何帮助。对他人的悲惨遭遇冷眼旁观，不愿意伸出援手，有可能是觉得自己无法承受在了解他人的遭遇时所带来的心理压力，以避免情绪耗竭。

第六章　倾听与回应

第一节
你有共情能力吗？

一、《论语》导读

（一）跟我读

子曰："夫仁者，己欲立而立人，己欲达而达人。能近取譬，可谓仁之方也已。"

——《论语·雍也》

（二）跟我译

孔子说："一个有仁德的人，就是要想自己站稳，也要帮助人家一同站稳；要想自己腾达，也要帮助人家腾达。凡事能就近以自己作比，而推己及人，可以说就是实行仁的方法了。"

二、心灵启航

共情能力，是能够设身处地地感受他人的情绪。孔子曾言"己所不欲，勿施于人""己欲立而立人，己欲达而达人"，这些"推己及人"的恕道思想，便是共情能力的体现，对后世影响深远。你是否具有这种设身处地为他人着想的能力呢？让我们共同感知共情能力的重要性！

三、积极体验

（一）合作画像

1. 老师请两位同学到黑板前，蒙住其中一位同学的眼睛，让其扮演"盲人"，另外一位同学给他提供指引，"盲人"根据同伴的指引在黑板空白的脸孔上画五官，未遮眼的同学只能通过口头表述提示信息。

2. 画好后，请两位同学分别分享他们合作的感受。提供指引的同学在合作过程中是否切身地考虑了蒙眼同伴的感受？而蒙眼同学又是如何倾听和执行同伴的指挥的？

3. 从这一活动中，你体会到了哪些沟通合作的技巧？你是否感受到倾听的重要性？是否学会设身处地为他人着想？是否培养了共情能力？请与你的伙伴们分享吧！

（二）设身处地思他人

场景1：期末考试的成绩刚刚公布，你的排名很不错，大家都认为这次题目最难的英语考试，你也考到了90分，看到自己的成绩，你高兴得不得了。可是，当你放学后去找自己最好的朋友小玉玩时，却发现她的眼圈红红的，心情明显很差。

小玉怎么了？你看到这样的场景，会做些什么呢？

_____

_____

_____

场景 2：小玉看到你，觉得像看到了救命稻草，拼命地跟你倾吐心声。她提到了自己这段时间的各种不如意，父母、老师给了她很大压力，与同学她相处不太融洽，她的考试成绩也不太理想……她一直不停地表达，似乎并没有停下来的意思。你发现自己本来要去放松的时间已经被小玉的抱怨占据了。

这时候你会怎么想？又会怎么做呢？

_____

_____

_____

四、方法指南

怎样培养自己的共情能力，让自己可以成为一个优秀的倾听者和理解者，设身处地为他人着想呢？有几个小建议提供给大家。

（一）认真倾听，优先他人

好的倾听者是把自己放在对方的立场上，脱离自己的主观感受，对对方所说的内容感兴趣，而不是突出自己的观点，让自己觉得有趣。

（二）关注感受，及时反馈

随时准确捕捉对方的感受，及时对其情绪予以反馈并给出正确的积极引导。

（三）梳理自身不愉快的情绪

倾听他人情绪有时候是一件有些痛苦的事，因为多数宣泄都带有较为负面的表达，而人会下意识地对不愉快的事情产生抵触心理。可是面对向你倾诉的人，如果你可以梳理好自身情绪，与对方一起面对问题、解决问题，设身处地为他人考虑，就可以实现共情。

（四）寻求解决问题的途径

设身处地，绝不单单是倾听，还必须把倾听后我们的分析和建议转化为解决问题的实际行动，真正有效地帮助对方找到方法和途径，这才实现了忧他人所忧、解他人所扰的最终目的。

五、心理科学链接

鼓励孩子参加志愿活动

参加志愿活动，不仅是一个为社会做贡献的机会，也是一个有助于提升个体共情能力的机会。家长要鼓励孩子多参加志愿活动，如果有机会，可以一起参与到志愿服务工作中，也有利于亲子关系的和谐。

下列活动均适合初中生，家长可以结合自身的实际情况，鼓励孩子利用假期或平时空闲时间积极参与。

1. 开展社区各类调查。

2. 开展敬老爱幼的帮扶活动。

3. 参加社区或居住小区的公益活动。

4. 定期为家庭困难、行动不便的孤寡老人打扫卫生。

5. 当一天文明、卫生、环保义务宣传监督员。

6. 义务植树。

7. 在公园或景点做义工服务。

同时，家长可以通过担任学校的义工，为孩子做好表率，并通过义工了解学校的最新动态，为孩子的成长营造良好的氛围。

孩子也可以在父母的表率作用下，明确志愿服务对社会的重要贡献，在奉献中实现自己的自身价值；在与人互动的过程中学会沟通，学会合作，学会共情与帮助别人。

第二节
做一名专注的"听众"

一、《论语》导读

（一）跟我读

子禽问于子贡曰："夫子至于是邦也，必闻其政，求之与？抑与之与？"子贡曰："夫子温、良、恭、俭、让以得之。夫子之求之也，其诸异乎人之求之与？"

——《论语·学而》

（二）跟我译

子禽问子贡说："老师每到一个国家，总是听得到这个国家的政事。（这种资格）是他自己求得的呢，还是人家国君主动给他的呢？"子贡说："老师温和、善良、恭敬、节俭、谦让，所以才得到这样的资格，（这种资格也可以说是求得的），但他求的方法或许与别人的求法不同吧？"

二、心灵启航

小明总是爱在别人说话时插话，表达自己的不解或意见，或者将话题引到与自己相关的角度，他自己表达得津津有味，却没有发现别人已经不想继续与他交流了。慢慢地，大家都不爱和小明说话了。小明很委屈，认为自己也很认真在听，很认真地提出疑问和建议，为什么大家却不理解自己呢？

《论语·学而》中孔子告诉我们："不患人之不己知，患不知人也。"我们应该担忧自己没有通过倾听去理解他人的感受，而无须太在意自己是否被人理解。《论语·为政》中也通过"多闻阙疑，慎言其余"一句告诫我们，多听少言才是交际与成长的重要方式。倾听是用心听，而不只是用耳朵；倾听是专注于对方，把焦点放在对方身上，而不能仅以个人感受为出发点。今天就让我们共同走进"倾听的世界"，共同感受用心倾听的价值与美好吧！

三、积极体验

（一）传声筒

1. 每6位同学为一组，老师将写有语句的纸条交给第一位同学看，这位同学看好后回到队伍中向第二位同学小声传达看到的话，第二位同学再说给第三位同学听，以此类推，直到最后一位同学听完后将自己听到的话说出来，同时老师公布标准答案。

2. 每位同学分析自己听到的语句，所传语句与标准语句的匹配度怎么样？思考自己在倾听与传达过程中的投入度与最后语句的准确度之间的关系，与全班进行交流和分享。

（二）有效倾听初体验

两人一组进行有效倾听初体验，此项活动共有两个环节：

第一个环节中，甲同学作为倾诉人，乙同学作为倾听人，以"我最喜欢的一门学科"作为交流话题，时间为两分钟。在此过程中，甲同学可以就交流话题随意谈论，乙同学作为倾听人可在倾听时给予一定的反馈。谈论结束后，双方对同伴进行评价，表达对此次沟通的感受。倾听人询问倾诉人对自己是否满意，倾诉人询问倾听人是否了解了自己的心理感受和倾诉的主要内容。

第二个环节中，在理解了对方对倾听、倾诉的不同需求和角色要点的基础上进行角色互换，以"我最喜欢的一位任课老师"为话题再次进行谈论。谈论结束后同样进行询问。

思考与讨论：

同学们可以在体验结束后写下自己的感受并在班级里进行分享。

四、方法指南

认真倾听和积极反馈对有效沟通和交际十分重要，那么如何在倾听时做到专注呢？我们可以参考以下建议。

（一）注意不随意打断

不在他人讲话时打断对方，不急于表达自己的想法和观点，耐心倾听他人，等待对方说完后再分享个人的意见和看法。

（二）注意面部表情

在倾听时，注视对方眼睛是较为礼貌的沟通方式，全程跟随对方的情绪做出反应可以加强沟通效果，必要时可以轻声简单地回应附和。

（三）注意身体语言

在与他人沟通时，可以让自己的身体正对着对方，稍稍前倾，适时点头以表示理解和关注。不要抱肩或交叉双腿，更不要左顾右盼、时不时看手表。打哈欠和伸懒腰也是非常不友好的身体语言，会降低对方与你交流的热情。

五、心理科学链接

如何建立良好的人际关系？

沟通可以帮助建立人际关系。美国社会心理学家阿瑟·亚伦发现，让两个陌生的男女在彼此交流 36 个问题之后，再互相凝视 10 分钟，两个人基本上都会产生亲密的感情。因为这 36 个问题包含很多隐私，让自己和别人坦诚交流，关系自然得以提升。

除此之外，增加熟悉感也是建立关系的一种方式，中国人讲日久生情，也就是我们喜欢那些熟悉的事情和人。所以，经常和其他人见面，是建立社会关系很重要的技巧和方法。

第三节
"幸好有你支持我"

一、《论语》导读

（一）跟我读

曾子曰："可以托六尺之孤，可以寄百里之命，临大节而不可夺也——君子人与？君子人也。"

——《论语·泰伯》

（二）跟我译

曾子说："可以把年幼的孤儿托付给他，可以把国家的命脉寄托于他，他在生死存亡的紧急关头却不动摇。这样的人是君子吗？这样的人是君子啊！"

二、心灵启航

欣然今天很伤心。她的成绩一直在班级中下游，这次考试她突然考到了班级第三名。同学都认为她作弊了，她和别人说自己没有作弊，但没有人相信她。放学后，小华在路上遇到欣然，欣然和他倾诉自己的努力不被认可，小华默默倾听着，不时表示自己愿意相信欣然。欣然十分感动，说："幸好有你支持我，愿意倾听我说话。没有你，我或许从此以后就破罐子破摔了。"

有了倾听，方有信任。君主倾听百姓的疾苦，百姓才会信任君主；君主相信臣子，方能用心倾听臣子的规劝。《论语》中的智慧在我们的日常生活中也常常有所体现。学会相信，用心支持，在倾听的过程中给予对方尊重和鼓励，你必将收获温暖的回馈。

三、积极体验

（一）消极的信息传递

1.说一说当有人在说话时，他表现出了以下这些行为，你觉得他在传递什么信息？你会有怎样的感受？

不停扭来扭去，不断改变坐姿	一边转笔一边听
一直随意插话、接话	打哈欠、伸懒腰
不停地低头看手表	埋头做自己的事情

左顾右盼，不知道在找什么

2.回忆一下，你是否曾经在倾听他人的时候有过以上行为？为了更好地沟通，你觉得可以做出哪些改变？

（二）学会倾听，用心支持

在与他人沟通时，在倾听他人的表达时，究竟怎样的行为才能表现出对对方的支持？究竟怎样才能实现认真倾听？请与你的同伴共同讨论，完成下方的问卷并相互交流。

当对方说的内容我都知道了，我应当：_____

_____

当我不赞同对方的想法和观点时，我应当：_____

_____

当我觉得对方说的话非常有道理的时候，我应当：_____

_____

当我听对方说话时，我的目光应当：_____

_____

当我听对方说话时，我的身体姿势应当保持：_____

_____

还有以下倾听技巧可以表现出我对对方的支持：_____

_____

四、方法指南

倾听时如何做到支持他人？四个"必不可少"的小建议，可以试一试！

（一）诚恳耐心必不可少

倾诉人表达时常常带有情绪，人在情绪起伏的过程中极有可能失去表达逻辑，给倾听和沟通带来阻碍，这时候最需要的是倾听者的耐心。面带微笑的认真倾听会安抚倾诉者的情绪，提高沟通效率。

（二）不贴"标签"必不可少

在听他人倾诉时，不带入个人见解，不带入主观成见，在倾听中发现问题、理解同伴，会使沟通变得更加有效。

（三）不妄加评判必不可少

不在倾听的过程中随意评判对错。随意批评对方的行为会让对方无法感受到你的支持和理解，产生隔阂和防御的心理，降低倾诉期待，使对话僵化。

（四）适时鼓励必不可少

沟通过程中要时刻保持眼神交流，对你理解或赞同的内容要适时通过点头、微笑、轻声应答的方式加以肯定，这会给对方极大的安慰，让他感受到你的诚恳和关注，增加有效沟通的可能性。

五、心理科学链接

和谐友好的人际关系可以带给我们什么？

和谐友好的人际关系是我们快乐幸福的重要源泉。为什么这么说呢？美国《时代》周刊在 2005 年 1 月发表了一篇文章，介绍幸福的科学。文章中特别提出，心理学中关于人类的健康和幸福的最有代表性的工作，是美国社会心理学家长达 25 年所从事的研究，特别是美国伊利诺伊大学爱德华·迪勒教授的研究。他发现，一般人所追求的生活目标，比如高收入、高学历、婚姻、年轻、美貌，甚至日照的时间等，对我们幸福感的贡献实际上都比较小，而真正对我们的健康和幸福起作用的是和谐友好的人际关系、至爱亲朋的关怀体贴、温暖的社会支持，以及适当的沟通技巧。

第四节
多问多听，收获成功

一、《论语》导读

（一）跟我读

子入太庙，每事问。或曰："孰谓鄹人之子知礼乎？入太庙，每事问。"子闻之，曰："是礼也。"

——《论语·八佾》

（二）跟我译

孔子到了祭祀周公的太庙，每件事都要问。有人说："谁说鄹邑大夫的儿子懂得礼仪呀？他到了太庙里，什么事都要问别人。"孔子听到此话，说："这就是礼呀！"

二、心灵启航

正如孔子一样，遇到不懂的问题时，我们要多问、多思考，寻求建设性的回应，并不断修正自己的行为。如果回应是积极的、有建设性的，就能对谈话者产生正向的影响。当我们跟他人交流时，不仅仅是沉默、无条件接受，抑或是全盘否定，而是应该做出积极的反馈，肯定对方行为的同时，主动询问相关情况，引导话题，如此我们便做到了积极回应。今天，就让我们一起学习如何在交流中保持积极回应吧！

三、积极体验

（一）我们折得一样吗？

将所有同学分成四组，每位同学拿出一张长方形的纸。第一、二组同学在操作时可以面对面讨论；第三、四组操作时不可以讨论，不可以询问，必须独立完成如下操作步骤：

1. 将长方形纸左右对折；

2. 再将纸上下对折；

3. 在纸的左下角撕掉一个小三角形；

4. 再把纸上下对折；

5. 在纸的右侧中间位置撕掉一个半圆形。

完成操作步骤后将纸片展开，查看一、二组和三、四组的纸片形状有什么不一样，讨论为什么会有这样的差异。

小贴士：双向甚至多向交流与积极反馈是有效沟通的重要环节，人际交往从来不是单向行为，需要彼此互动才能达成。如果交往中不能实现交流和理解，就必然会产生误解，影响沟通效果。

（二）哪种回复更有效？

对话中对他人的表达进行反馈和回复时涉及四种不同的方式：消极被动回应、积极被动回应、消极主动回应、积极主动回应。这些回应方式会产生怎样不同的沟通效果？我们一起来感受一下。

小明："青青，我这次的英文考试比上次多得了5分呢！"

（消极被动回应）

青青："哦！"

（积极被动回应）

青青："嗯！很好！"

（消极主动回应）

青青："哼，不就多得5分嘛，那也就只有70分，也没多高。"

（积极主动回应）

青青："这么厉害，不错啊！下一次打算再进步几分？"

想一想：以上四种回复方式，哪种更有利于人际交往？生活中你常用哪种回复方式？面对不同的交往对象，你的回复方式会有改变吗？你觉得自己的回复方式是否还有需要改进的地方？

四、方法指南

沟通中如何做到积极回应？其实不难，可以从以下四个方面着手。

（一）学会感同身受，用词诚恳

"我理解""我明白""我知道你的感觉""我也这样想"等简单的语言可以有效地和说话人拉近距离。

（二）学会适当鼓励，表达肯定

在交流过程中，通过语言、动作、姿态等各个方面给予对方鼓励和支持是积极回应的有效途径。

（三）学会合理发问，扣准主题

在认真倾听和思考的基础上，结合沟通话题合理发问，可以让对方感受到你的关注，提高对方继续沟通的期待。

（四）学会精准总结，简练收尾

在每一次交流的结尾做一个精练且准确的总结，不仅使对话的内容明晰，还能够给对方一个积极的反馈，是一项十分有效的沟通技巧。

五、心理科学链接

不同情境的沟通文化如何影响国际交往？

霍尔在 1976 年提出了沟通的两种风格差异：一种是高情境的沟通文化，另一种是低情境的沟通文化。高情境的沟通文化强调的是，在很多情况下沟通的信息和意义的交换不是由你说的内容来决定的，而是由你表达的方式、手势、语调、语速等情境性因素来决定的。低情境的沟通文化强调沟通的方式是直接的、明确的，它的意义应该直接由字面表达，受众不需要对背景和情境进行再加工，就可以从沟通者所说的、所用的词汇中理解对方的意思。美国、加拿大和很多欧洲国家是很明显的低情境沟通文化。

所以，在国际交往中，当使用高情境的沟通风格与来自低情境文化中的人沟通时，往往会被对方认为太含蓄、太狡猾、太委婉，而不能很好地被对方理解；使用低情境的沟通风格与来自高情境文化中的人沟通时，则往往会被对方认为表达方式太直白、太粗鲁、太霸道。

第七章　善意与助人

第一节
与人为善，与己为善

一、《论语》导读

（一）跟我读

子曰："孟之反不伐，奔而殿，将入门，策其马，曰：'非敢后也，马不进也。'"

——《论语·雍也》

（二）跟我译

孟之反不喜欢夸耀自己。撤退的时候，他留在最后以掩护全军。快进城门时，他鞭打着自己的马说："不是我敢于殿后，是马跑得不快。"

二、心灵启航

一个乡下人在城里的一条街上开了家店铺，不久后，他发现这条街生意不好，而且路面到处是残砖乱石。有人告诉他，路不好走，经过的人或车就会慢下来，人们走进店铺的概率就会增加。乡下人不听周围人的劝阻，坚决搬走路上的砖石。之后，这条街交通畅达，商机不减反增。众人疑惑地询问原因，他答道："路不好，人们大多绕道而行。经过的人少了，商机又怎会多呢？"

孟之反掩护全军顺利撤退，在保全他人的同时，也避免自己因为战败而沦为俘虏。乡下人搬开了挡路的石头，不仅方便了行人，也为店铺带来了更多商机。正如孟子所说："君子莫大乎与人为善。"一个君子，最大的美德便是可以与人为善，在生活中我们也应当时刻饱含善意，在为他人提供便利的同时，自己也能收获良多！

三、积极体验

（一）合力调果汁

这是一个建立在击鼓传花基础上的游戏，可以组织6~12人一起参与。提前准备若干个形状相同、不透明的杯子，分别装有白开水、柠檬汁、橙汁、椰汁、雪碧、可乐等饮品，以及芥末、食盐、辣椒酱等调味品，保留一个空杯子。

游戏进行时所有人围坐成一圈，选择其中一个人作为鼓手。在鼓手击鼓的过程中，其余人可以向空的杯子中添加饮品或者调味品。当鼓手停止击鼓的时候，杯子最终到谁手中，谁就要品尝这杯"美味的饮品"。

试想一下，最终的饮品到底会是美味的果汁还是添加了各种调料的"怪味饮料"呢？如果你作为其中的一员，你会向空杯子中添加什么呢？你添加的理由又是什么呢？

对于游戏的结果，如果你有自己独到的见解，就赶快邀请小伙伴们一起尝试一下吧！

（二）蒙眼过障碍

所有参与的同学通过抽签两两一组。游戏规则是其中一人蒙眼，组中另一人将他扶至终点；两人交换职责后，从终点回到出发点；到达出发点后，交换顺序再走一轮。

游戏最终的获胜规则是所有组中两轮来回用时最少的组获胜。

思考与讨论：

1. 你会怎样挑选出发的顺序？你这样挑选的理由是什么？

2. 你会以什么样的态度来搀扶组中的另一个人？你又希望他怎么来搀扶你？你觉得他会达到你所希望的吗？

四、方法指南

如果你已经体验了上面的两个游戏，并和小伙伴们一起思考了其中的问题，也许你已经发现，在生活中，我们在给予他人便利的时候，也是在为自己提供便利，正所谓"赠人玫瑰，手有余香"。关于如何培养自己利他的品质，这里有几条建议可以参考。

（一）从爱父母做起

从小到大，父母处处为我们着想，我们是否也能替他们分担一点呢？试着从一些力所能及的小事做起，例如，帮助父母打扫卫生、收拾碗筷、洗洗衣服。这些事情虽小，但我们多做一点，父母就能少累一点。此外，这也会增强自己在家庭中的归属感。

（二）站在他人的角度思考问题

当我们与他人交往、交谈或帮助他人时，如果我们能够为他人着想，从他人的实际情况出发去思考其处境和感受，不仅可以产生共情，也照顾到他人的尊严，人际关系会更和谐。

（三）培养自己发现美的眼睛

积极地从别人身上发现优点，向身边做事细致、周到、总能考虑到他人感受的人学习，细心地去发现他们是怎样做到从细节上照顾他人感受的，然后让自己也变得像他们一样充满爱心与阳光。

五、心理科学链接

利他主义的生物学基础

达尔文曾提出，在自然选择的过程中，有利他基因的生物更容易在物种繁衍的过程中保留自己的基因，使其延续下来。

这一观点被社会生物学家威尔逊证实。例如，斑鸠妈妈在看到危险者接近小斑鸠时，就会假装受伤并逃出巢穴，好像翅膀折断了一样。这样，危险者就会放弃接近小斑鸠，转换目标至更容易捕获的斑鸠妈妈身上。可是一旦斑鸠妈妈将危险者引到安全距离，它就会一飞而走。虽然有时候也会失败，但是这种策略还是很好地保护了小斑鸠，使小斑鸠有可能活到成年，繁殖后代。人类历史上也有许多这样的例子。国家或民族之所以能够延续下来，是因为一些勇敢者献出了自己的生命。因此，许多社会心理学家认为，利他行为有遗传机制。

第二节
损人利己要不得

一、《论语》导读

（一）跟我读

子曰："放于利而行，多怨。"

——《论语·里仁》

（二）跟我译

孔子说："为追求个人利益去做事，就会招致很多怨恨。"

二、心灵启航

利益，从来都是人与人之间相处的一大难题。每个人都或多或少地追逐私利，然而孔子曾告诫众人：利己，特别是一味地追逐自身的利益而不顾他人，容易招来怨恨。他同时也提到："无见小利……见小利则大事不成。"在日常生活中，我们追求自己的利益无可厚非，但是也要适当照顾他人的利益，以"义"为重。一味地利己，将使自己寸步难行。怎样协调自身利益与他人利益之间的关系将是我们这一课共同思考的问题。

三、积极体验

（一）有人的座位

学校的美术教室空间较小，每次上课，同学们都挤得很近。最近学习水墨画，晶晶觉得空间不够摆放美术材料，给自己留出了一个空座位。当有同学想要坐到她的旁边时，她便故意说旁边的位置已经有人了。这一天，她晚到了美术室，原来常坐的座位上坐着其他同学。她走过去询问，对方看了她一眼，用同样的方式拒绝了晶晶："不好意思，我旁边有人了。"晶晶听到后有些脸红，十分尴尬。没办法，她只能坐到美术室后边的角落听了一节课。

同学们，晶晶做错了什么呢？她有什么办法去改变目前的处境吗？从这则故事中，你明白了什么？

（二）放大镜

班级内成立两个小组，每个小组10人。每队成员轮流说出自私行为的表现，并表达对这种行为的看法，每说出一种记1分。另一队在对方表达后的20秒钟之内接着回答，如未能回答扣1分。每组各有两分钟时间表达观点。比赛结束后，累计分数较高的组别获胜。分数较低的一组须与全班同学分享避免损害他人利益的方法和途径。

四、方法指南

生活中，你因自己行为鲁莽而无意间伤害过他人吗？怎么做才不会伤害他人呢？以下三个方法可以帮到你！

（一）懂得付出和帮助

我们不能一味地渴望他人付出而自己却始终不给予，对待父母、亲友、老师，要学会体谅和关心，理解他们的难处与不易，为他们提供自己力所能及的帮助，在付出中感受自身的价值和重要性。

（二）学会让自己变次要

人不能太过自我，总是把自己放在第一位而忽视身边其他人的感受。凡事不能只考虑自己舒服和方便，而应该努力给身边人带去轻松和愉快。只有这样，别人才会为你创造更多的便利。

（三）做到己所不欲，勿施于人

我们要时刻清楚地认识到，很多时候，当你不喜欢或不想做某一件事时，他人或许也同样厌烦；当我们让自己感到舒适而给他人施加额外负担时，也会有人因为我们的做法而感到难过和无助。因此，不给他人添麻烦，不将自己不喜欢的事物强加于别人也是我们改变自私行为的重要途径。

五、心理科学链接

道德判断需要科学的态度

道德和正义是我们的天性，所以，每个人都希望自己所相信的、所判断的、所坚守的是最道德的。英国哲学家乔纳森·沃尔夫特别提出，我们对不同的道德判断，应该有一种科学的态度。

孟子在2600年前说过："理义之悦我心，犹刍豢之悦我口。"换句话说，凡"悦心"的"理义"都是深入浅出的，就像好吃的肉"悦口"一样。每一种感觉都有其存在的合理性。因此，我们应该知道：每一个人其实都是从自己的道德角度去看问题，而每一个问题反映的只是事物的一个角度，没有绝对的对和错，更不要提倡所谓的斗争和批判精神，以及非黑即白的极端思维。当然，同样还需要注意的一点就是道德判断的"度"的问题。过"度"了，就不道德了。做任何事情一定要有心、有情，才能够守德。

第三节
我是助人小能手

一、《论语》导读

（一）跟我读

子曰："爱之，能勿劳乎？忠焉，能勿诲乎？"

——《论语·宪问》

（二）跟我译

孔子说："爱他，能不为他操劳吗？忠于他，能不劝告他吗？"

二、心灵启航

每个人都生活在集体中，也都有遇到困难的时候，这时如果别人能够对需要帮助的你施以援手，相信必将带给你无限的动力。孔子倡导要积极帮助他人，并将助人作为自己的乐趣。我们在生活中也要向孔子学习，与人为善，向周围有需要的同学、朋友献出自己的爱心，这样当你为某件事苦恼的时候，别人也会非常热心地去帮助你！让我们一起来学一学如何为他人提供帮助，成为优秀的助人小能手！

三、积极体验

（一）匿名求助信

我们都有过帮助别人的经历吧，不论是帮别人指路还是捡起了地上的垃圾。那么，当你遇到困难时，会主动向别人求助吗？是以写信的方式吗？如果不是，那就来试着写一封求助信吧！

活动规则：

每个参与活动的人获得一个不透明的信封和一张信纸，可以在信纸上写下自己最近遇到的难以解决的问题或者烦心事，不要留下自己的姓名，只需要在信封上做一个特殊的记号即可。写完后，将信纸叠好，装入信封。

将收集起来的信重新分给每个人，保证每个人不会收到自己的信。然后每个人需要回答信中的问题或就其中的烦心事给出自己的建议，完成之后将信再次收集，最后物归原主。

思考与讨论：

1. 你是不是认真地解答了别人的难题或者就别人的烦心事给出了真诚的建议？如果是，用心帮助别人的感受是怎样的呢？

2. 你在信中写的问题是否得到了解决？在生活中遇到什么样的问题，你可以用这样的方式来寻求帮助？

（二）发现身边的助人之美

同学们需要用自己发现美的眼睛去发现班级中平时乐于助人的同学。请同学们把自己平时发现的乐于助人的同学及其事迹分别记录下来。最后进行现场统计，得票最多的前两名同学成为"助人之星"。

同学们共同分享典型的助人事迹，讨论如何向乐于助人的同学学习。

四、方法指南

如果你想成为一个乐于助人的人，那么有几个小建议推荐给你！

（一）发挥主观能动性

当学校或者居住的社区有公益活动时，例如，探望孤寡老人、帮助清洁工人分类垃圾，试着以更积极的态度参加，并在力所能及的范围内做得更好。他人感谢你时，乐于助人的种子会在你心里扎根更深。

（二）试着从身边不起眼的小事做起

帮妈妈洗一次碗、捡起地上的纸片、为陌生人指一次路……虽然这些事看起来都很平常，但是一点一点的快乐累积着，最终会收获更大的乐趣。

五、心理科学链接

旁观者效应

旁观者效应又称为责任分散效应，是由社会心理学家比伯·拉塔尼和约翰·达利提出的。当紧急情况发生时，如果身边有许多人同时在场，在场的每一个个体的责任感会被大幅度削弱，因为他们觉得会有其他人帮助受害者；而如果只有一个人在场时，这个人的责任感会更强，因为他会认为帮助受害者属于自己的责任，也会更主动地帮助受害者。

因此，这也提示我们：在遇到危机时，可以充分利用责任分散效应。例如，当有人入室抢劫时，喊"着火了"比"抢劫了"更有用；在路上突发疾病需要求助时，最好选定一个人求救，比如，"那个穿黄色衣服的女孩，请你救救我"。

第四节
张开双手，拥抱善意

一、《论语》导读

（一）跟我读

子曰："知者不惑，仁者不忧，勇者不惧。"

——《论语·子罕》

（二）跟我译

孔子说："有智慧的人不疑惑，有仁德的人不忧愁，勇敢的人不畏惧。"

二、心灵启航

善良是一束柔和而不刺眼的光，让我们的生活变得温暖而明亮。我们在生活中肯定会遇到很多善良的人，他们用行动或者话语解除我们的尴尬，消除我们的不良情绪，帮助我们克服困难……我们每一个人都喜欢和善良的人相处，正如《论语》中所说，我们不必害怕自己没有朋友、缺少兄弟，只要我们友善对人、认真做事，那么周围的人都可以成为我们的朋友。因此，我们在生活中也要成为一个善良的人，以自己的行动为周围的人带来欢乐与温暖。

三、积极体验

（一）谈谈身边的不友好

生活中我们都希望可以被他人温柔以待，但是不可否认的是我们也许或多或少受到过他人的不友好对待。回想一下：你曾经在何时被他人不友好地对待过，那是怎样的经历？给你带来了怎样的感受？

想一想：你是否在不经意间对他人做出过不友好的举动？如果再有机会，你会用什么方式对待对方？

（二）心灵小剧场

老师为同学们提供3个不同的情景，6个人一小组，每个人分别饰演不同的人物，自行改编和表演，最好表现出友好和不友好的不同处理方式。

情景1：班里来了一位新同学，老师让他做自我介绍，可是他看起来非常紧张，低着头一直不敢说话。老师引导他："说说你叫什么，有什么兴趣爱好。""我……我叫……"此时班级里开始躁动起来……

情景2：下课了，同学们在教室里玩，一位同学撞到了丽丽的桌子，从书桌里掉出了一包卫生巾。"快看！快看！那是什么？"有的男同学开始起哄大笑，丽丽脸涨得通红，看起来有些无助，这时……

情景3：体育课上，同学们在进行女子800米、男子1000米的长跑训练，身材微胖的青青又一次跑了最后一名。看着气喘吁吁的她跑到终点，差点摔倒在地上，同学们议论开来，有的同学甚至用嘲笑的语气说："你看，她又是最后一个，每次都不合格！"这时……

思考与讨论：

各组同学的表演中，哪些表现是友好的？哪些表现会让我们感受到温暖和鼓励？如果你也是其中的一员，你会怎么做？

四、方法指南

学做善良的人，说善良的话，做善良的事，我们的生活也会因此变得美好而充满善意，那么如何成为一个友善的人呢？

（一）善于观察

善于从细节处发现他人的问题和困难，感受他人的想法和心声，并在适当的时间和场合给予他人帮助。

（二）注重方式

润物细无声。真正的善良是不经意间的帮助，恰当的方式会让人倍感温暖，而如果自以为是地为他人提供帮助，极有可能给人带来尴尬的心理感受，起到反面效果。因此，如何巧妙地帮助对方是一项重要本领，可以有效加强我们的善意，让对方从根本上解决问题。

（三）包容他人

严于律己，宽以待人。对待他人的过失和错误、不足和缺点要给予包容理解的态度，多一些帮助和鼓励，少一些评判与要求，更多地看到他人的努力和进步，人就会变得更加温和友善。

五、心理科学链接

关于宽恕的心理学实验

心理学家夏洛特·威特利特和他的同事做了一个关于宽恕的心理学实验，让被试回忆他们曾经被伤害和被其他人不公正对待的经历。然后这些被试，或者是回忆宽恕对方的体验，或者是回忆不宽恕对方的体验。宽恕意味着原谅对方，同时让负面情绪逐渐消失，并争取与对方和解；而不宽恕就是让被试不断地重复被伤害和愤怒的心理。研究者希望这些参加实验的被试关注这两种状态下他们的思想、感情和身心反应的变化。

结果显示：宽恕条件下，被试产生更多健康的身心反应和情绪反应；不宽恕的条件下，被试体验更多的是负面的、强烈的愤怒和悲伤。而那些要求尽量宽恕别人的被试，报告显示他们更有同情心和宽恕之心。

所以，学会宽恕，有利于我们释放负面情绪，更积极地面对生活！

第三篇

积极情绪

第八章　认识、体验积极情绪

第一节
和焦虑说拜拜

一、《论语》导读

（一）跟我读

子之燕居，申申如也，夭夭如也。

——《论语·述而》

（二）跟我译

孔子闲居在家里的时候，穿戴整齐，态度温和，悠闲自在。

二、心灵启航

　　步入青春期的你是否因为身边的琐事而经常情绪烦躁、感到焦虑？每月一次的考试是否让你感到持续性压力缠身？其实在生活中，不同的人都在为各种各样的事情而感到不安、焦躁、担忧。而孔子"饭疏食，饮水，曲肱而枕之，乐亦在其中矣"的安贫乐道，"子之燕居，申申如也，夭夭如也"的悠然自得值得我们学习。你是否也想和孔子一样保持平静的心情，从容地面对学习和生活中的挫折与压力？那就快来跟我一起探索平静世界的奥秘吧！

三、积极体验

（一）正视焦虑我不怕

　　想要舒缓焦虑情绪，首先就需要找到问题的源头，那么我们到底因为什么而感到焦虑不安？这些问题我们是否能一一找到应对之举？下面请跟着提示一起去探索原因，挖掘大脑深处隐藏的真实想法吧！

1. 最近你是否感到焦躁？是否容易发怒或无法有效控制情绪？

2. 你的压力和焦躁来源于什么？（某个学科成绩无法提高？总是感到疲惫，无法集中注意力？和同学相处出现障碍？）

3. 如果你无法解决上述问题，会有怎样的后果？

4. 你有什么办法解决上述问题或应对产生的后果？

5. 如果没有办法，你最想寻求谁的帮助？

（二）冥想疗法梳心绪

如果你在生活中感到十分焦虑，影响了正常的学习和思考，不妨先放下手中的事情，通过冥想疗法舒缓心绪，获得内心的宁静。现在就来试一试吧！

1. 请在椅子上坐直身板，慢慢闭上眼睛，把注意力集中于感受自己身体的放松，从脚到小腿，从小腿到大腿，再到你的上身、手臂、肩膀、脖子、头，一点一点地放松肌肉。

2. 请在脑海中想象自己身处一片茂密的森林，清晨的林中满是青草、树木和晨露的清新，香气透过每一个毛孔和每一次呼吸渗入我们的身体，远处的鸟儿在寂静的森林中发出清脆婉转的鸣叫，似乎在欢迎我们这群静享自然的朋友。伸出双手，感受阳光透过树木斜射到脸上的温暖，让这份自然的馈赠深深地裹住全身。

3. 请跟随着指令慢慢呼吸，不要刻意用力，用鼻子做腹式呼吸，呼气时收缩腹部，并在心中默念"一"，吸气时肚子鼓起，关注自己的每一次呼吸，将这一步骤缓缓进行10分钟。

通过静静的冥想，你感受到了什么？你的情绪是否有了舒缓？请用图画或文字的方式表达你在冥想过程中的内心体会吧！

四、方法指南

学习中难免会有各种问题让你感到焦躁不安，有三种方法可以帮助你调节内心情绪，实现心态平和，尝试一下吧！

（一）制订详细计划

将大目标细化为小目标，通过走一步、再走一步的小目标完成方法逐步提高自信，通过任务完成进度不断调整个人的任务安排，在不知不觉中实现个人的大目标。

（二）预留放松时间

精神始终处于紧绷状态是非常不利于提高效率的，合理的生活学习规划应当有张有弛，学习时认真投入，同时预留合理的休闲时间，放松大脑，调整状态。每天抽出一点时间与父母、亲人沟通谈心，每周抽出一个下午出门散心。只要安排合理，都是放松，都是为了更好地投入。

（三）积极心理暗示

当你遇到问题和困难时，适时的鼓励和暗示是十分必要的。请告诉自己："我是最棒的！""我一定可以找到合适的解决办法！""只要努力了，我就不后悔！"这些语句会帮助你找到方向，稳定情绪，继续向前！

五、心理科学链接

面对孩子的中考焦虑，家长应该怎么做？

中考是人生的一个关键节点，所以临近中考，无论是孩子还是家长都会或多或少产生焦虑，过高的焦虑水平会影响孩子的学习效率及日常生活，危及身心健康。那么家长应该如何引导孩子正确看待中考焦虑呢？

正确认识并接纳焦虑，设置合适的期望水平。焦虑是我们面对未来事件的不确定性及对危险事情预测时产生的一种本能反应。要将焦虑当作自己身体的一部分，尝试与焦虑共处。如果总是想要压制焦虑，那么很有可能适得其反。因此，家长要让孩子意识到，中等程度的焦虑有利于激发他们的学习动力；同时家长也要对孩子设置合理的期待水平，否则，会加重孩子的焦虑，从而进一步影响孩子的情绪与生活。

想要缓解孩子的中考焦虑，家长可以从两方面着手：陪伴与支持。

陪伴既包含学业上的陪伴，又包含家庭中的陪伴。不缺席任何一次学校的家长见面会，让孩子一回家就能看到爸妈在家等候，吃到一顿可口的饭菜，饭后陪孩子聊聊天、散散步……这些都可以让孩子意识到父母是始终守护在自己身边的，并且能够感受到父母对自己的关心与关爱。

支持包含亲情、信念、方法与物质的支持。首先，夫妻恩爱、家庭和睦，可以给孩子最强的安全感；其次，告诉孩子中考不是决定命运的唯一一次考试，将目光放在当下，努力踏实地走好每一步路，就可以超越过去的自己；再次，适当给予孩子学习方法上的指导，并不断鼓励孩子，可以有效缓解孩子面对困境时产生的焦虑情绪；最后，物质上的支持也是必不可少

的，购买合适的学习资料，准备营养均衡的饮食，偶尔陪孩子出去散散心，都可以使孩子的情绪得到很好的疏解。

家人，始终都是孩子强大的动力。

第二节
他，是我敬佩的人

一、《论语》导读

（一）跟我读

子曰："禹，吾无间然矣。菲饮食而致孝乎鬼神，恶衣服而致美乎黻冕；卑宫室而尽力乎沟洫。禹，吾无间然矣。"

——《论语·泰伯》

（二）跟我译

孔子说："对于禹，我没有什么可以挑剔的了。他的饮食很简单，而孝敬鬼神的祭品却很丰盛；他平时穿的衣服很简朴，而祭祀的服饰却很华美；他自己住的房屋很低矮，而致力于修治水利工程。对于禹，我没有什么可以挑剔的了。"

二、心灵启航

对于大禹"三过其门而不入"的故事，相信大家应该不会陌生。大禹为了人民的利益，舍小家为大家，竭力修治水利工程。他生活极尽简朴，对待工作认真负责。他凭借着高尚的精神让我们尊重，让我们敬佩，而这样的敬佩之情，也促使我们不断学习，努力前行。

只有懂得敬佩，我们才能学习到无数先贤身上的精神和美德；只有懂得敬佩，我们才能更好地付诸行动，为中国的伟大复兴贡献力量。同学们，你们是不是也有自己敬佩的人呢？

三、积极体验

（一）讲讲我最敬佩的人

以"我最敬佩的人"为主题进行演讲，讲述自己最敬佩的人的故事。"我最敬佩的人"到底是什么样的人？是英勇无畏的战斗英雄，还是伟大的科学家，又或者是那些在平凡的岗位上默默奉献的普通人？向其他同学讲述他为什么是令你敬佩的人，他的哪些事迹打动了你，令你深深地折服，你打算怎样向心中的榜样学习。最后，讨论这些令同学们感到敬佩的人有哪些共同点，是哪些共同的品质让他们成为令人敬佩的榜样。

（二）迷你小剧场

1.将班级同学分组，每组5~10人，在小组内讨论并确定要表演的敬佩对象，所有组员分工完成收集资料、汇总资料、故事安排、情景设计等环节，并最终分角色排练。

2.每个小组轮流表演准备好的情景剧，并根据主题展开讨论，讲述情景剧中令人敬佩之处，评选出表演最佳的小组。

四、方法指南

我们了解了那么多令人敬佩的人，听到了那么多令人震撼的故事，那么怎样可以得到他人的敬重？怎样可以成为他人心中的榜样？给大家三个小建议，希望可以帮到你们！

（一）勇于担当令人敬

敢于承担责任，为了集体不计个人得失，主动为集体服务，奉献自己，关键时刻可以挑起重任并认真完成，就可以得到集体中他人的关注和认可。

（二）诚恳待人最可取

与他人相处诚心相待，不算计、不欺瞒，力所能及地帮助和支持他人，就可以得到他人的赞扬和肯定。

（三）时刻抱有正义感

富有正义感和爱心，在看到恃强凌弱或不公平事件时挺身而出，当他人需要帮助时及时伸出援手，就可以让他人发自内心地敬佩和感谢你。

五、心理科学链接

榜样的力量有多强

1954 年，美国社会心理学家利昂·费斯廷格提出我们会将他人作为比较的尺度，在比较中获得意义。所以，选择优秀的人当作我们进步的驱动力，就是榜样带给我们的力量。

思考：选出在你眼中最受大家欢迎和最优秀的三位同学，想一想，你的身上有哪些性格特点和行为表现跟他们是相似的呢？把你的想法写下来。例如：

我觉得_____非常受同学们欢迎，同样，我的身上也有一个跟他相似的优点，比如：_____

_____

_____

_____

第三节
希望的灯塔永不熄灭

一、《论语》导读

（一）跟我读

子曰："仁远乎哉？我欲仁，斯仁至矣。"

——《论语·述而》

（二）跟我译

孔子说："仁德难道离我们很远吗？只要自己愿意实行仁，仁就可以达到。"

二、心灵启航

西汉时期杰出的外交家、民族英雄苏武被扣留在匈奴长达19年之久，是什么支撑着他在北海那样恶劣的环境下持节不屈？是他怀有终将归汉的信念和希望。同样，孔子怀有实现仁德的希望，才会在一生中不断向着仁德的方向前进。希望是人们心中最真切的愿望。只有充满希望，我们才有努力向前的勇气和动力，我们的生活才会花团锦簇、光彩耀人。你的心中是否也播撒了希望的种子呢？

三、积极体验

（一）建造希望的花园

每个人的人生就像一个大花园，我们在里面播撒希望的种子，用心浇灌，等待种子生根发芽，然后结出诱人的果实。我们播撒怎样的种子，就会收获怎样的果实。有的同学想要得到喜欢了很久的橱窗里的玩具，有的同学想要期末考试之后去喜欢的城市旅游，有的同学想要好好学习长大成为设计师……亲爱的同学们，你们想收获怎样的果实呢？请在你们的希望家园里写一下吧！

（二）灌溉希望的种子

播撒完希望的种子，我们还需要不断努力，希望之花才能最终绽放。

请同学们根据之前你们播撒下的希望的种子，在"希望之花培育计划"的表格（表8-1）中，写下你们的希望、拥有的利于希望实现的资源与途径，以及你们的行动计划。

表 8-1　希望之花培育计划

希望	资源	途径	行动计划

四、方法指南

如何培养希望感，做更好的自己呢？

（一）培养目标导向的思维

目标导向的思维，就是给自己树立一个明确的目标。美国心理学家查尔斯·理查德·斯奈德认为，最好的目标是那些可以实现同时又不那么容易实现的目标。

（二）找到成功的方法

我们要相信自己一定能够找到实现这些目标的路径和方法。越是有创造性的人，越容易觉得自己有希望。设定目标后，我们不妨经常想一想，能不能找到多种实现目标的路径和方法，然后选择一种最可能成功的路径和方法去执行。

（三）落实行为的改变

心动不如行动。希望感理论一个很重要的方面就是强调个人的主动精神。因此，我们要实现希望，一定要主动采取行动。

五、心理科学链接

希望感能带给你什么？

心理学家利兹·黛和她的同事发现，希望感强的人，不只是成绩要好一些，智商也要高一些，产生不同想法的发散性思维也要强一些，也更加负责任，而且对每个主意都有更细致的分析。

希望感和发散性思维之间的关系很容易理解，因为发散性思维就是要在单位时间内能够想到很多不同的观点和方法，而希望感也包括对于自己想做的事情能够想到很多实现的方法。

此外，希望感与人的适应水平和健康水平也有很强的相关性。研究发现，有较高希望感水平的人，记得更多的是正面的评论和发生在自己身上的正面事件，这种希望感让他们对目标充满了激情，而不是充满了恐惧。

第四节
找寻前行的动力

一、《论语》导读

（一）跟我读

叶公问孔子于子路，子路不对。子曰："女奚不曰，其为人也，发愤忘食，乐以忘忧，不知老之将至云尔。"

——《论语·述而》

（二）跟我译

叶公向子路问孔子是个什么样的人，子路没有回答。孔子说："你为什么不这样说，他这个人，发愤用功到连吃饭都忘了，快乐得把一切忧虑都忘了，连自己快要老了都不知道，如此，等等。"

二、心灵启航

孔子作为一代圣贤，以博学著称，老年依然发奋学习，到了废寝忘食的地步，他的学习态度不仅激励着他的弟子，也激励着我们当代的年轻学子。激励，是一种催人奋进的重要方法，能够给我们带来前行的动力。它不仅蕴含在名人典故中，而且体现在我们生活的一言一行中。同学们，你们是否有过被他人激励或者激励他人的经历呢，起到了什么样的效果？

三、积极体验

（一）案例分析

有效的激励可以激发我们行动的动力。请同学们阅读下面的案例，思考一下易楠成绩下滑的原因。

易楠的家境比较富裕，他爸爸创办了一家企业，经营良好。易楠最近沉迷于小说和电子游戏，原本优异的成绩迅速下滑。他的爸爸妈妈对此很是着急，想尽了各种办法，还为他请了一名家教。一次，家教问易楠为什么不再好好学习了，易楠说："我爸爸说家里有很多钱，我将来就是啥也不干都够花了，所以干吗还要那么辛苦地去学习呢？"

思考与讨论：

你有没有好的方法能够激励易楠好好学习呢？和你周围的人交流一下吧，看谁的方法最有效！

（二）一起来监督

1. 以6~8人为一组，形成互帮互助学习小组，每位同学都说一件自己本月要做的事，并说出未完成的惩罚方式。比如："我要每天跑步30分钟，坚持一个月，做不到的话，请小组成员吃零食。"

2. 每组组长记录下本组成员的目标和惩罚方式，并将其打印出来贴在课桌上，方便所有人监督。

3. 等到规定的期限结束，检验每位同学是否如实完成了目标。

四、方法指南

如何更好地激励自己呢？不妨尝试以下这些方法吧！

（一）设置小目标

设置一个跳一跳就能够得着的小目标。目标是一种很好的激励方式，你对目标的渴望会激发你的奋斗动力，从而推动你不断向前。

（二）给自己奖励

当你要去执行一个任务，你可以计划在完成这个任务时，给自己一份奖励，获取这份奖励的喜悦同样会给你带来不断努力的动力，直到任务完成。

（三）找优秀榜样

给自己寻找一个优秀的榜样，具有强大的激励作用。你可以寻找一个你敬佩、崇拜的榜样，在学习和生活中始终向他看齐，不断学习他身上的闪光点，积极向榜样靠拢。

（四）找同目标的朋友

找一个与你有共同目标的朋友，一起监督，相互鼓励，共同进步。这样，当你开始懈怠的时候，就会产生同伴压力，进而提醒你不能够松懈，浑身充满力量，向目标前进。

五、心理科学链接

感恩也是一种激励

有大量的心理学证据表明，感恩之心强烈的人，通常对生活更加满意，行动的动力更加强烈，而且更加健康，睡眠也更加充足，焦虑、抑郁、孤独感都会下降。懂得感恩的人有更强烈的目的感、意义感和道德感，更容易融入生活、融入人群，和大家和谐相处。

积极心理学之父马丁·塞利格曼做了有关感恩的积极心理效益的研究。他测试了参与过积极干预的 411 个人，比较了那些写过"感恩信"的人和只写过"自传"的人的幸福指数。结果发现，写过"感恩信"的人，其幸福指数显著增加，而且可以持续一个月左右。

另外还有研究发现，感恩和工作效率有密切的关系。那些在月底给自己的员工写一封感恩信的领导，可以显著提高员工的工作积极性，令工作效率提高 20%。

第九章　管理消极情绪

第一节
是什么左右着我们的情绪?
——情绪管理的金钥匙

一、《论语》导读

（一）跟我读

司马牛忧曰："人皆有兄弟，我独亡。"子夏曰："商闻之矣：死生有命，富贵在天。君子敬而无失，与人恭而有礼。四海之内，皆兄弟也——君子何患乎无兄弟也？"

——《论语·颜渊》

（二）跟我译

司马牛忧愁地说："别人都有兄弟，唯独我没有。"子夏说："我听说过，'死生由命运决定，富贵在于上天的安排。'君子认真谨慎地做事，不出差错，对人恭敬而有礼貌，四海之内的人就都是兄弟，君子何必担忧没有兄弟呢？"

二、心灵启航

在生活中我们常常发现：面对同样的一件事情，不管是亲朋相聚、老师表扬这样的好事，还是亲人离世、朋友争吵这样的坏事，有的人在顺境中开心愉快，在逆境时仍积极乐观，正如宋朝大才子苏轼，虽然屡次被贬黜，却依然乐观向上，淡定自若；而有的人即使在顺境时仍杞人忧天，在逆境时更是情绪消沉，怨天尤人。你们知道这是为什么吗？面对不同的情绪，我们究竟应当如何应对？接下来就让我们共同学习如何建立良好的心态，培养自身积极对待生活的态度和勇气。

三、积极体验

（一）情景表演：荒岛上的推销员

两个皮鞋推销员被公司安排到一个岛屿上推销鞋子，等登上小岛后发现，岛屿上的人都不穿鞋子。推销员小鹏感到非常失望，说："这个岛上的人都不愿意穿鞋，要成功推销是没有希望的。"另一个推销员晓丽却非常兴奋，说："这个岛上的人还没有鞋子穿，推销成功的希望极大。"

请大家想象并且表演两个推销员在不同信念的指导下是怎样推销的，推销效果如何呢？

（二）故事分析

有两个秀才一起相约上京赶考，在赶考的路上，迎面走来一支出殡的

队伍。两个秀才看到那一口黑乎乎的棺材后，其中一个秀才大惊失色，心想："完了，活见鬼，赶考的日子居然碰到这口倒霉的棺材。这也太丧气了！"于是，他心情一落千丈，走进考场时，一直回想那口棺材，结果，文思枯竭，果然名落孙山。另一个秀才也同样看到了，震惊的同时转念一想："棺材，棺材，噢！那不是有'官'又有'财'吗？好兆头啊！看来我今年一定可以红运当头，高中榜首！"怀着这样的心情，这个秀才走进考场，文思如泉涌，果然一举高中。

思考与讨论：

请和同学们说说两个秀才的思考角度有什么不同，分别导致了什么结果。

四、方法指南

面对同一件事（A），站在不同的角度，会有不同的认识（B），产生不同的情绪（C）。认识变了，情绪也会发生新的变化。左右我们情绪的并非是事件本身，而是我们对事件的认识。这就是心理学中著名的"情绪 ABC 理论"。

在情绪 ABC 理论中，不合理的信念主要有三个特征。

（一）绝对化：一定、必须、应该、怎么能不这样？

如："这次考试我一定要考一百分。"

（二）过分概括：以偏概全，用一个方面否定全局

如："考试没有考好，我真是一个没用的人；我长相普普通通，没人会关注我、喜欢我，我在人群里就是会被忽视。"

（三）糟糕透顶：对于发生了的事情只看到最坏的结果

如："我和最好的朋友因误会吵架了，从此他再也不跟我说话了，我再也没有朋友了。"

同学们，当你们掌握了情绪的 ABC 理论之后，在产生消极情绪的时候，可以问一下自己有没有这三种不合理信念中的任意一种呢？换个角度思考，也许就可以"柳暗花明"！

五、心理科学链接

做情绪的主人——如何与孩子共同管理负面情绪？

作为家长，你是否有过以下烦恼？

1.孩子总是喜欢跟自己对着干，动不动就发脾气。

2.跟孩子说了很多次的行为习惯，孩子总是不听，还顶嘴。

面对以上两种情况，你会怎么做呢？是不是一股火气直冲脑门，跟孩子说："你看看你，说了多少遍，你就是不听！""我还不是为你好？！不识好歹！"

如果你有类似的情绪体验，就与孩子一起学习如何管理自己的消极情绪，避免说出口的话、做出的事伤人伤己。

初中是人生成长的重要时期，孩子的心理状态呈现半成熟、半幼稚的过渡特点，因此心理波动很大，很容易表现出沮丧、失意、焦虑等紧张情绪，同时也不太愿意轻易跟父母、老师表露自己的内心想法。

那么，如何管理自己的情绪呢？

1.停止当下所做的事情，深呼吸，避免冲动行事。冷静下来之后，再跟孩子讲道理，立规矩，之所以这么做是因为孩子会模仿父母处理情绪的方式。

2.接纳自己的情绪，寻找正确的表达方式。不要因为自己产生了愤怒情绪而刻意压制，情绪本身没有错，而是要将注意力转移到寻找正确表达情绪的方式上，思考如何在不伤害孩子自尊的前提下，合理地表达我们的情绪。

3.换位思考，帮助孩子正确表达情绪。很多时候，孩子做出令家长恼火或难堪的举动，是因为孩子没有学会如何正确合理地表达自己的情绪，因此家长要学会正确引导孩子表达情绪，可以先换位思考孩子的感受，鼓励孩子觉察自己当下的情绪体验，并勇敢表达。

第二节
你敢于直面自己犯的错误吗？

一、《论语》导读

（一）跟我读

子曰："主忠信，毋友不如己者，过则勿惮改。"

——《论语·子罕》

（二）跟我译

子贡说："君子应该亲近忠诚和讲信义的人，不要与不如自己的人交朋友，犯错了，不要害怕改正。"

二、心灵启航

赵国将军廉颇因为不服蔺相如位列自己之上，便扬言要当面羞辱他，但得知蔺相如对自己的避让是把国家危难放在个人私仇前面时，廉颇非常懊悔，背上荆条去蔺相如门上请罪，这种直面错误的勇气值得我们学习。人生在世，有谁能保证自己永远不犯错误呢？但是，有的人犯错后既担心丢失面子，又怕失去威信，因而躲躲闪闪，不肯勇敢地承认错误，更不愿坦诚地改正错误。品德高尚的人，难免也会有犯错的时候，不过，由于他光明磊落，有勇气，因此，他不但能够坦率地公开承认自己的过错，而且能够勇敢地改正自己的过错。这样做，人们不会鄙视他，反而会更加尊敬他。那么，如何学会勇敢地承认自己的错误呢？让我们一起来看一看吧！

三、积极体验

（一）小游戏：大声认错吧

同学们，你们有时候是否会因为害羞而不能勇敢地承认自己的错误，不敢大声地说出"对不起"呢？下面这个游戏就是帮助你们踏出说"对不起"的第一步。勇敢承认自己的错误，一点都不丢人！

首先，由一名同学按规则喊口令。

口令要求：发令人说"一"的时候，同学们举左手；说"二"时举右手；说"三"时举双手；说"四"时拍拍手；说"五"时保持不动。

如果有同学未按口令的操作要求去做，他就要离开座位，站到大家面前先鞠一躬，然后大声地说："对不起，我错了。"游戏结束后，全做对的同学也要练习如何道歉。

（二）故事分析

美国前总统里根，11 岁时把足球踢到一家商店的窗口上，砸碎了玻璃。商店老板找到里根的父亲，要求赔偿损失。父亲赔了钱之后，却把账记到儿子的头上，他对儿子说："玻璃是你砸碎的，你应该负起赔偿的责任。我现在先帮你垫上，你要利用假期的时间打工，把这笔钱还上。"结果，里根干了整整一个暑假的活，才还清这笔钱，总共是 15 美元。当了总统以后，里根还常常提起少年时的这件小事，他说是父亲教会他做个负责任的人，使他一生受益无穷。

在法国著名思想家、文学家卢梭的《忏悔录》中，记录着这样一件事：卢梭小时候家里很穷，他只好到一个伯爵家去当佣人。伯爵家的侍女有条漂亮的丝带。一天，卢梭从侍女的床头拿走丝带，跑到院里玩了起来。有个仆人发现了卢梭手中的丝带，立刻报告给了伯爵。伯爵大为恼火，厉声追问起来。卢梭撒谎说丝带是厨娘偷给他的。伯爵喊来厨娘对质，厨娘含泪为自己辩护，可卢梭却死死咬住了厨娘，并把事情的所有"经过"编造得有鼻子有眼。这让伯爵更恼火了，索性将卢梭和厨娘同时辞退了。这件事给卢梭带来终身的痛苦，他在《忏悔录》中坦白说："这种沉重的负担一直压在我的良心上，常常使我苦恼，在我苦恼得睡不着的时候，便看到那个可怜的厨娘前来谴责我的罪行。"

里根和卢梭都犯过错误，他们是怎么面对自己的错误的？最后为自己的错误付出了什么代价呢？

四、方法指南

正视自己的错误，说起来容易做起来却难。或许通过以下三个步骤，你也能承认错误，将错误变为成长的养料！

（一）迅速地承认错误

对于一些同学来说，承认错误是件困难的事，不一定是因为他特别脆弱，而是因为他的成长环境没有教会他承认错误。犯错是成长所必须经历的，没有犯错及改错，就没有进步。

（二）勇敢地直面错误

我们在犯错后很自然地会感到难受与丢脸，便希望可以逃避错误，忘掉这种难堪的感觉，但忘记错误会让错误重演。所以，请勇敢地去回想，找到错误的原因。

（三）负责任地改正错误

为自己的错误"买单"，寻找方法来弥补过失，才能赢得别人的尊重。当错误无法弥补时，要真诚地道歉，求得原谅。

五、心理科学链接

阿 Q 精神真的值得学习吗？

阿 Q 是鲁迅先生 1921 年在《晨报》副刊上发表的中篇小说《阿 Q 正传》的主人公：一个横遭压迫、备受屈辱的雇农流浪汉，他在任何情况下都能自我安慰，都自以为是"胜利者"。但是，阿 Q 精神真的是积极、乐观而又向上的吗？

其实，阿 Q 精神的实质是否定现实、自欺自贱、不求反抗、甘于屈辱。它是心理学家已经发现的 16 种心理防御机制中的 2 种，属于逃避型和自骗型消极心理防御机制的结合。虽然它可以让人在遭受困难与挫折后减轻或免除心理压力，短时间就恢复心理平衡，但其消极意义也是非常明显的，可以让人因压力的短暂缓解而自欺欺人，自我麻醉，不求改变，从而导致严重的心理疾病。

第三节
让积极的"忧虑"成为前进的动力

一、《论语》导读

（一）跟我读

子曰："德之不修，学之不讲，闻义不能徙，不善不能改，是吾忧也。"

——《论语·述而》

（二）跟我译

孔子说："（许多人）不去修养品德，不去钻研学问，听说了仁义之事却不去做，有错误却不改正，这些都是我所忧虑的事情。"

二、心灵启航

同学们，在生活中难免会有令你们忧虑的事情吧，或忧功课不好，或忧交友不善，或忧作业太多没时间玩游戏，等等。真可谓不胜其忧。

孔子所忧的事情，在于道德不能修养，学问不能钻研，仁义不能施行，行为不善不能悔悟改正。可见，孔子所忧不在于欲望的满足，而在于德业是否精进。这种忧虑是积极追求进步、乐观向上的体现。在学习和生活中，我们也常感到类似这种"忧虑"，如担心成绩被其他同学超越，担心自己不被所有同学喜欢。而实际上，合理地处理、化解这些积极的"忧虑"，也会为我们的学习和生活助力不少呢!

三、积极体验

(一)积极赋义

从前有一位国王,有一天他做了一个很奇怪的梦,梦见自己国家的山倒塌了,河里的水枯竭了,花朵也纷纷凋谢了。王后听完后大惊失色,说:"不妙啊!山倒塌就意味着江山要倒;君是舟,民是水,水枯是指民众离心;花谢是指好景不长了。"国王听完惊慌失措,没过几日就病重,无法处理政务了。

一位大臣知晓国王的病情后,来到国王身边说道:"陛下,这个梦做得太好了!大山倒了,路上就没有障碍了,从此要天下太平了;水枯了,真龙就会现身,国王,您就是真龙天子;花谢见果子呀,说明我们要大丰收了!"国王听完顿时感到全身轻松,不久就痊愈了。

从上面的故事可以看出,对事物的认知可以影响我们的情绪。如果总是对事物进行消极赋义,严重时会影响我们的身体健康。每个人都不是完美的,如果一味地聚焦于自己的缺点,因缺点而焦虑、自卑、失落,那么等待自己的一定不会是成功。请同学们在表9-1中写下自己的缺点,并尝试着为自己的缺点赋予一些积极意义吧!

表9-1　缺点和积极赋义表

我的缺点	积极赋义

（二）忧虑认知转换单

心理学研究指出，我们对某事物的看法会影响我们的情绪，忧虑情绪也是如此。如果我们可以改变对忧虑的态度，自然就会让忧虑成为人生奋进的加速器！

现在请想一想，你有什么忧虑的事？为什么你会为此感到忧虑呢？有什么例子可以证实你的说法吗？如何用积极思维转换你的观点？请仿照下面的转换模式写出你的忧虑清单（表9-2），并进行积极转换。

转换模式：

我的忧虑：我的数学成绩不太好，数学老师总找我去办公室，这让我压力很大。

消极想法：我没有学习数学的天赋，数学老师讨厌我，我怎么都学不好。

积极转换：我只是暂时数学成绩差，意味着我有很大的提升空间，因此数学老师很重视我。

表 9-2　忧虑清单

我的忧虑	消极想法	积极转换

四、方法指南

忧虑看似是一种消极情绪，但积极地面对忧虑可以促使我们前行。那如何积极的"忧虑"呢？

（一）积极地归因

在忧虑时，应从多个角度辩证地看问题，成功固然能带来欢乐与满足，但失败、懊悔的经验也具有积极的意义。

（二）进行"努力归因"训练

比如在担心自己考试能否取得好成绩时，应该把结果的取得归因于自身努力的程度。当你取得成功时，告诉自己这是努力的结果，鼓励自己继续勤奋学习，以获得更大的成功；当你失败时，告诉自己是由于自身努力不够，但不要因为一时的失败就降低对未来成功的期望，而要更加努力，直至成功。

（三）适时进行"现实归因"训练

当你已经十分努力却依然失败时，努力归因显然是不切实际的。因此，除了努力因素之外，你还要分析其他可能的因素，如学习方法、学习策略是否得当，学习态度是否端正等。然后，根据自己的分析，向老师或父母寻求相应的帮助。

五、心理科学链接

归因理论

美国心理学家伯纳德·韦纳提出，人们对行为成败原因的分析可归纳为以下六个：能力、努力、工作难度、运气、身心状况、其他。以上六个原因还可以根据性质划分为三个维度：因素源、稳定性、可控性。

韦纳等人认为，我们对成功和失败的解释会对以后的行为产生重大的影响。如果把考试失败归因于缺乏能力，那么以后的考试还会预期失败；如果把考试失败归因于运气不佳，那么以后的考试就不大可能预期失败。这两种不同的归因会对生活产生不同的影响。

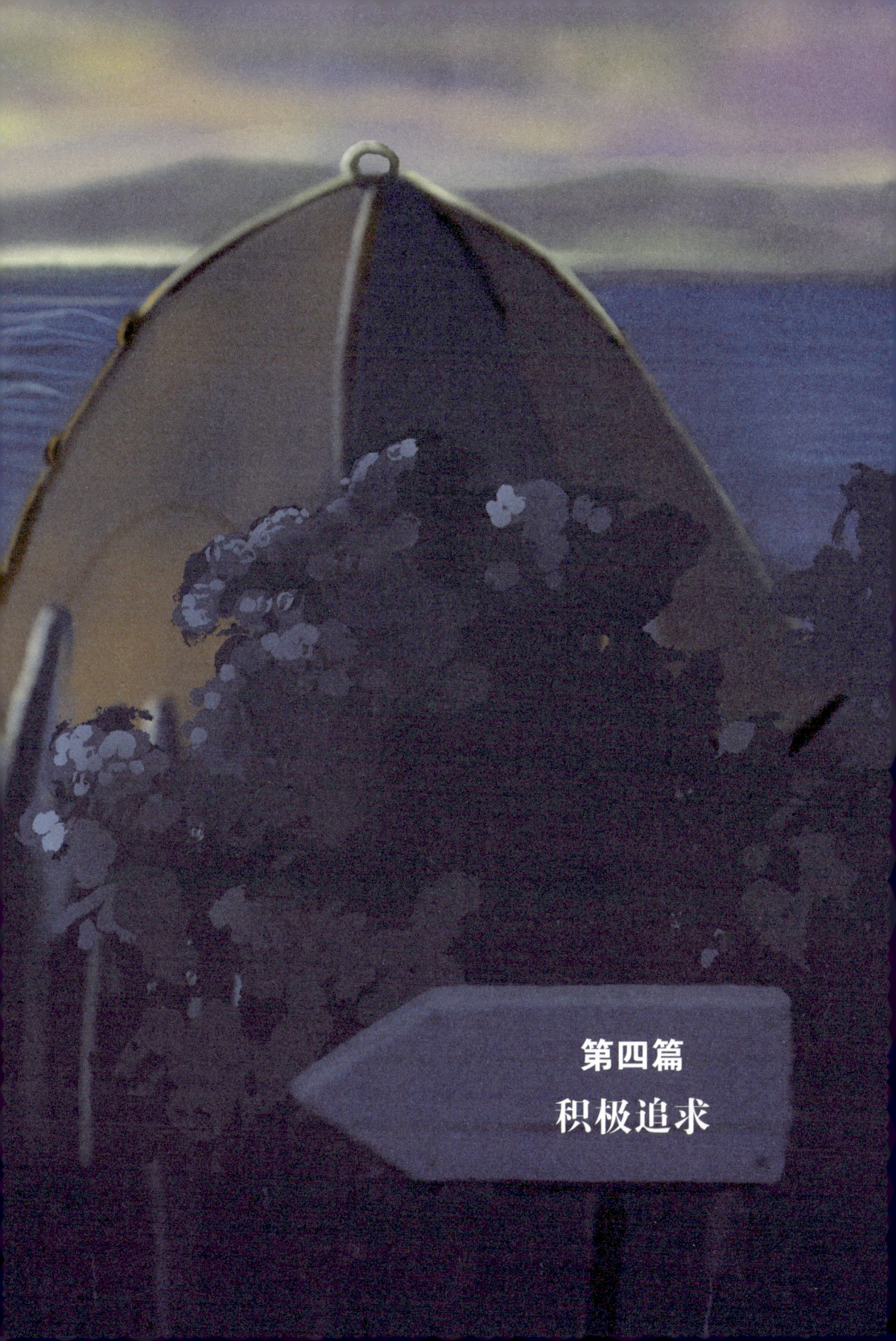

第四篇
积极追求

第十章　目标与道德

人生目标的"威力"有多大?

一、《论语》导读

（一）跟我读

子曰："三军可夺帅也，匹夫不可夺志也。"

——《论语·子罕》

（二）跟我译

孔子说："一国军队，可以夺去它的主帅；但一个有志之人，是不能强迫改变他的志向的。"

二、心灵启航

1953 年，哈佛大学做过一个非常著名的长达 25 年的跟踪调查。调查的主题是目标对人生产生的影响。调查的对象是一群智力、学历、环境等条件都差不多的大学毕业生。

结果显示：3% 的人有着清晰而长远的目标，25 年间，他们朝着一个方向不懈努力，几乎都成为社会各界的成功人士，其中不乏行业领袖、社会精英；10% 的人有比较清晰的短期目标，大都生活在社会的中上层，成为各行各业不可缺少的专业人士；60% 的人目标模糊，他们的生活与工作安稳，但都没有什么特别的成绩，几乎都生活在社会的中下层；剩下 27% 没有目标的人，他们过得很不如意，并且常常抱怨他人、抱怨社会、抱怨这个"不肯给他们机会"的世界。

这个调查结果与孔子的观点不谋而合："一个人的志向、目标是绝对不可以被剥夺的。"同学们说说，人生目标的"威力"大不大？

三、积极体验

（一）确立长期目标：绘制"十年后的自己"

确定目标的方式有很多种，以前我们习惯于将目标写在纸上。但这次我们换一种方式进行，请准备一张 A4 纸，将想象中十年后的自己画出来，最好能体现出职业和十年后已经取得的成就。如果仅通过绘画表达不够清晰的话，也可以在旁边用文字标注上自己在哪里、在做什么。

绘制完成后，请与小组成员交流分享，畅想一下十年后自己的生活。如果对"十年后的自己"满意的话，还可以把图贴在自己的书桌前！

（二）我的人生目标

拥有明确的人生目标，可以增强我们的学习动力与自制力。一个大目标往往令人望而却步，因此可以将目标以金字塔的形式分为远期目标、中期目标、近期目标及日常目标，然后逐一去实现。

日常目标：日、周、月的目标。

近期目标：1~3 年的目标。

中期目标：3~5 年的目标。

远期目标：10 年左右的目标。

1.请以小组的形式，分享自己各个层次的人生目标是什么。

2.为了实现自己的人生目标，你将如何行动？

四、方法指南

（一）制作"自我探索单"

我 5 年后的目标是：_____

实现这个目标我最大的优势是：_____

目前，我最大的阻力是：_____

为了实现目标，我该怎么做？_____

（二）将目标先分解再落实

人生目标的实现就像是一场马拉松赛跑。分解目标，将其变成一个个子目标，并逐个击破，就会取得理想的效果。同学们在学习中可以先把远期总目标分解成数个中期目标，再把每个中期目标分解成数个近期目标，最后再把近期目标分解成日常目标，努力实现每一个日常目标，坚持下去，最后你的远期目标一定会实现！

五、心理科学链接

如何帮助孩子进行人生规划？

古人云："花有重开日，人无再少年。"人生只有一次，生命是有限且短暂的，如果不进行有效的规划，势必会造成时间与生命的浪费。既然人生规划如此重要，那么父母应该如何帮助孩子进行人生规划呢？

1. 鼓励孩子树立目标。目标是行动的前提，也是行动的动力，父母应该努力引导孩子朝着自己的目标前进，并且告诉孩子目标没有高低贵贱之分。

2. 帮助孩子确定目标。父母需要引导孩子树立一个中等难度的目标，这个目标不要太低，也不要太高，太低会使孩子失去完成目标的兴趣，太高会打击孩子的积极性。

3. 引导孩子分解目标。有时候，孩子定的目标总会有些不切实际，过于遥远或者不太容易实现。帮助孩子将目标分解成一个个小目标，然后引导孩子通过一个个小目标的完成，最终完成远期目标。与此同时，每个小目标完成所带来的成就感也有利于帮助孩子建立自我效能感。

4. 监督孩子实施目标。这是所有步骤中最艰难的一步。目标定得再好，如果不能踏踏实实地、一步一个脚印地落实，也不会有很好的结果。因此，父母要提醒自己跟孩子远离懒惰，集中精力，全力以赴。

5.支持孩子达成目标。孩子在执行目标的过程中，肯定会遇到很多困难，因此，父母要鼓励孩子学会借力，例如向老师、同学请教，或者与同学建立学习互助小组。

总之，父母作为孩子成长路上的陪伴者，可以帮助孩子真正做到"择其所爱，爱其所择"。

第二节
良师伴我行

一、《论语》导读

（一）跟我读

子曰："三人行，必有我师焉：择其善者而从之，其不善者而改之。"

——《论语·述而》

（二）跟我译

孔子说："几个人一起走路，其中必定有人可以做我的老师。我选择他好的地方向他学习，看到他不好的地方就作为借鉴，改掉自己的缺点。"

二、心灵启航

《论语》中的这句名言流传至今，给了人们与人相处的行为指南。他人的优点，我们要充分地加以学习；他人的缺点也同样是值得我们引以为戒的。为人处世，要时刻学习别人的长处，以提高自己的道德修养；发现别人的缺点时，要审视一下自己是否有同样的缺点。如果有，就要及时改正，不断完善自己的行为。同时，我们要善于看到他人的优点，与人为善，待人宽而责己严。这不仅是提高自己的最好途径，也是促进人际关系和谐的重要条件。那么，如何让良师益友始终陪伴我们成长前行呢？今天我们就来共同学习此话里深层的价值含义。

三、积极体验

（一）读寓言，谈体会

有一个秀才坐渡船过河，船刚离开河岸，秀才就傲慢地与船工攀谈："你会吟诗吗？"

"我哪会吟诗呢？只会摆弄撑船的竹篙。"船工笑嘻嘻地说。

"连吟诗都不会，你这生命的意义就失去了十分之三。"秀才以一种戏谑的口吻说道。

船工只顾撑船，默不作声。过了一会儿，秀才又煞有介事地问船工："你会抚琴吗？"

"我也不会抚琴，只会鼓捣船上的缆绳。"船工仍然笑眯眯地说。

"连琴也不会抚，你这生命的意义就失去了二分之一。"秀才以一种轻蔑的口气说道。

就在这时，大雨滂沱，忽然涌起惊涛骇浪，眼看就要翻船了。船工急忙问秀才："你会游泳吗？"

"我不会！"秀才不禁大惊失色。

"连游泳也不会，你这生命的意义看来就要全部失去了。"话音未落，渡船已

被大浪掀翻。自然，游上岸的只有船工一人。

思考与讨论：

读完这个故事，你有什么体会呢？

（二）优点投递员

6个同学为一个小组，围成圆坐下。组员依次站到圆中央，其他投递员轮流说出他的优点。注意在进行优点描述时，不能取笑别人，不能颠倒是非，也不能随意吹捧，要客观、实事求是地提出优点。

被称赞者要说出哪些优点是自己已经察觉到的、哪些是自己没留意的。小组全体成员都接受了优点投递后，投票选出提出优点最多的成员，并为他颁发"慧眼奖"。

四、方法指南

向别人学习是有方法和技巧的，尝试着使用下列方法向身边的同学们学习吧！

（一）仔细筛选，确定学习榜样

用你的慧眼，找出你认为在现阶段最想要向哪个同学学习，将他作为榜样。该榜样不一定是各方面都最优秀的，但一定要是拥有你最欠缺的优点，这就是"木桶原理"的应用。

（二）与榜样目标深入接触

当找准学习目标之后，为了充分学习榜样身上自己需要的优点，平时要多与榜样接触，积极建立沟通关系，了解有关此优点的细节部分，以便自己在后面制订计划时考虑周全。

（三）讨教经验，制订快速培养优点的计划

在平时的接触中，可以虚心请教榜样的优点是怎样培养成的，从榜样那里学到他的优点培养方法后，再与其他朋友沟通，并根据自己的实际情况制订属于自己的优点培养计划。

五、心理科学链接

为什么众人拾柴火焰高？——社会促进效应

1898年，美国社会心理学家特里普利特在观看自行车比赛结果时发现，骑手在与其他选手比赛时，比单独骑车的速度提高30%。为了进一步验证这个现象，特里普利特在当时他就职的印第安纳大学心理实验室，做了美国历史上第一个社会心理学实验。他设计了一个渔线筒，让孩子在独自一人和有他人在场的两种情形下，分别进行绕线任务。实验结果表明，大多数孩子在他人在场的情况下，效率更高。特里普利特将这种效应称为"社会促进效应"。

第三节
把握人生的方向盘

一、《论语》导读

（一）跟我读

子夏曰："大德不逾闲，小德出入可也。"

——《论语·子张》

（二）跟我译

子夏说："在大的道德节操上不能逾越界限，在小节上放松一些是可以的。"

二、心灵启航

儒家向来认为，作为有君子人格的人，应当顾全大局，而不在细枝末节上斤斤计较。大节与小节之间的关系不仅贯穿于人生目标的追求中，也同时表现在人际交往中。在人生目标的确定上，我们要笃定方向，守大节，同时也应该留给自己一些自由空间，不在所有事情上都斤斤计较。那么，如何做到，就需要我们理性地分析。

三、积极体验

（一）你适合什么职业？

美国心理学家霍兰德根据性格特征与职业选择的关系，把性格划分为六种类型，这六种不同性格的人在职业选择上有明显的差异（表10-1）。

思考与讨论：

对比一下，看看你适合从事哪种类型的职业。将你的结果与父母和老师进行讨论。

表10-1　职业类型、性格特征与职业选择

职业类型	性格特征	职业选择
现实型	不重视社交，重视物质的、实际的利益，遵守规则，喜欢安定，感情不丰富，缺乏洞察力	土木工程师、电器维修师等
研究型	有强烈的好奇心，重分析，好内省，比较谨慎	科学研究等
艺术型	想象力丰富，直觉敏锐，感情丰富，易冲动，好独创	音乐、美术、影视、文学等
社会型	乐于助人，善于社交，易于合作，重视友谊，责任感强，关心社会问题，有说服力	医生、律师、教师等
企业型	喜欢支配别人，有冒险精神，自信而精力旺盛，好发表自己的见解	经营管理者、生产供应商等
传统型	顺从、实际、能自我控制，想象力较差，喜欢稳定、有秩序的环境	会计、打字员、秘书、仓库管理员等

（二）活动体验：我的重要五样

成大事者不拘小节，人生中有舍才有得。舍弃一些不重要的目标，有

助于你集中力量，向核心目标前进。在你的初中时代，什么事情对你来说最重要呢？下面的活动，或许会对你有所启发。

活动时间：15 分钟。

活动材料：纸、笔。

活动程序：

1.5~6 个同学为一组，围圈而坐，每个人都写下自己在中学阶段要做好的 5 件重要事情。如果由于某些原因，你不得不放弃一项，请在纸上把它画掉。要知道，画掉以后，你就再也不能拥有它了。

2.又有特殊情况发生，你必须画掉第二项，你该做出怎样的决定？

3.特殊情况再次发生，你不得不画掉第三项。

4.看一看，你最后剩下的是什么？这就是对你来说最重要的一件事，也是你当前的奋斗目标。

思考与讨论：

你最后剩下的重要目标是什么？为什么这个目标对你这么重要？你有没有具备实现这个目标的条件？你怎样利用这些条件？

四、方法指南

提前把握你的方向感——生涯发展早规划

你有自己的职业生涯规划吗？请写入表 10-2 中吧！

表 10-2　我的职业生涯规划书

拟选择职业		
规划期限		
目标分析	短期目标	
	中期目标	
	长期目标	

个人分析	能力	
	兴趣	
	性格	
环境分析	社会环境	
	职业分析	
目标分解	第一个目标	
	第二个目标	
	第三个目标	
具体实施方案		
检查和反馈	父母意见	
	老师意见	
	其他专家意见	

五、心理科学链接

什么是人生的意义?

人生的意义,其实就是寻找、发现、创造、体现并传递意义。换句话说,人生本来是没有所谓先天定义的意义的。

一位著名的研究意义的积极心理学学者——斯蒂格,把意义分为意义拥有和意义寻找两个维度。意义拥有强调结果,是对自己有意义的生活的一种感受程度;意义寻找则强调过程,是个体对意义的积极寻求的程度。

那么,我们如何找到人生的意义呢?经常想一想:我们在哪些时候、哪些地方、做哪些事情，会让我们富有旺盛的生命力；什么事情值得我们感动，什么事情值得我们留恋，什么事情让我们喜悦，什么事情让我们安定，什么事情让我们感兴趣，什么事情给我们希望，什么事情让我们敬仰，什么么事情让我们热爱……凡是能够让我们产生积极心理体验的美好的事情，都会让我们意识到生活的意义。

第四节
你是打道回府的猪八戒吗？

一、《论语》导读

（一）跟我读

子张曰："执德不弘，信道不笃，焉能为有？焉能为亡？"

——《论语·子张》

（二）跟我译

子张说："实行德行而不能发扬光大，信仰道义而不忠实坚定，（这样的人）怎么能说他有，又怎么说他没有？"

二、心灵启航

道德修养其实就是控制人性中的弱点。这些弱点，比如贪婪、懒惰、懦弱、自私等，存在于每个人的人性之中，不经意间就会流露出来。因此，要成为一个道德修养好、坚持道义的人，就必须对人性中的这些弱点进行控制。但是，仅仅坚守德行、坚持道义是不够的，还要做到将德行和道义发扬光大，将其坚定不移地践行下去。

还记得《西游记》里的猪八戒吗？对取得真经的信念不坚定，一遇到挫折就想分行李并打道回府。正道的前途是光明的，终究能抵达光明的彼岸，但通往光明的道路是曲折的，我们不能因为一时的挫折而放弃光明的前景，这就需要有坚定的信念，就是我们所说的执德宜弘、信道宜笃。

三、积极体验

（一）心理剧表演：扶不扶

马路旁，一位老爷爷摔倒了。路过的小唐与小军看到之后，准备去扶老人起身，旁边的一位叔叔却拉住了他俩，说："你们想好再去扶啊，我看他摔得也不重，不知道是不是骗人的，小心他讹上你们……"

假如你是小唐或小军，你会扶老人起身吗？之后又会发生什么故事呢？请设想一下，撰写心理剧本，并组织小组成员进行表演，角色人数在4~5人为佳。

（二）道德意志训练计划

你能够做到在公交车上、地铁上给老人和孕妇让座吗？无人无车的红灯路口，你会不会也想横穿马路呢？自我约束能力是每个人都应该培养起来的良好品质，如果你的道德行为总是依靠父母或老师的监督和约束，是培养不出坚强的意志与道德之心的。只有从内心对自己的行为加以约束，时刻注意自己的所作所为，才能成为意志坚强、道德坚定的人。

同学们，请试着制订一份道德意志训练计划，列出今天你做过的有德行的事，并列出还没有做到的事，可以设置相应的规则来监督自己的言行，从而约束自己。长期坚持下去，我们的道德意志一定会越来越坚定。快行动起来吧！

四、方法指南

面对如何坚持正道这一问题，坚定的内心和正确的调节方法极为重要，那么就请看看以下操作方式吧！

（一）自我辩论法

在遇到让你感到为难的、类似"扶不扶"的问题时，可以通过设想扶与不扶两种不同处理方法所导致的后果，从而做出合理的道德判断。

（二）榜样示范法

榜样的力量是无穷的，榜样能把真实的思想道德关系表现得更直接、更亲切、更典型。我们可以先以身边人物为榜样，例如爸爸妈妈、敬爱的老师、同学，或者你喜欢的运动员、读过的英雄人物和艺术家等。通过主动了解榜样的先进事迹，理解榜样的优秀品质及其成因，找到自身想要完善的品质与美德，并付诸行动，最终形成习惯，内化于心。

（三）情景设想法

当你看到或听到一些不道德事件的时候，不妨设想一下，假如你在场，你会怎么做呢？经常进行这样的情景设想，当下次面临道德选择时，相信你就不会犹豫啦！

五、心理科学链接

海因茨偷药

有一位妇女因患罕见的癌症而面临死亡，医生认为只有一种药剂师发明的药可以救她，但药剂师以成本价的十倍出售该药。患病妇女的丈夫海因茨向每一位熟人借钱，但总共只凑够了一半的钱，他告诉药剂师，他的妻子危在旦夕，请药剂师便宜售药，或是迟些日子他付清全款，但药剂师拒绝了。

海因茨绝望了，闯进药店，为妻子偷了药。

请思考，海因茨是否应该偷药，为什么？在道德与法律之间，你会如何抉择？

第十一章　意义感

第一节
探秘人生的意义

一、《论语》导读

（一）跟我读

季路问事鬼神。子曰："未能事人，焉能事鬼？"曰："敢问死。"曰："未知生，焉知死？"

——《论语·先进》

（二）跟我译

季路问怎样侍奉鬼神。孔子说："没能侍奉好君父，怎么能侍奉鬼呢？"季路说："请问死是怎么回事？"（孔子）说："还不知道活着的道理，怎么能知道死呢？"

二、心灵启航

孔子所讲的"事人"，指侍奉君父。在君父活着的时候，如果不能尽忠尽孝，君父死后也就谈不上孝敬鬼神。孔子对于弟子问到的死亡之事既没有积极肯定，也没有彻底否定。他不信鬼神，也不把注意力放在死后的情形上。孔子只希望人们在君父生前要尽忠尽孝，至于如何对待鬼神就不必多提了。

这种态度延伸到日常生活中就体现了孔子对于正视、珍视生命的呼吁，希望大家能够珍惜生命时光，追求人生的意义，用有限的生命创造出无限的价值。

三、积极体验

（一）忆往昔：探索生命价值

闭上眼睛，回忆一下在过去的学习与生活中，让你感到骄傲的事，例如，努力之后通过了一次非常重要的考试，篮球比赛时与队友合作拿到了第一名。回想起这些"高光时刻"，你都有什么感受呢？将类似的经历写在下面，问问自己对你来说什么最重要，你真正在意的是什么。然后，思考以下问题：

1. 你认为自己的生活中什么是你值得珍惜的？

2. 你生活中的哪些经历使你意识到了要珍惜？

3. 总体来说，你学习或生活的意义是什么？

_____

_____

（二）访谈交流：与榜样同行

正如西方哲学家塞内卡所说："生命如同寓言，其价值不在长短，而在内容。"每个人的过往经历中都有为自己生命增光添彩的片段。你想听听其他人的人生故事吗？你能替他们捕捉到那些出彩瞬间吗？

请你采访身边的人，倾听他们的故事，了解他们是怎样对自己负责和珍爱生命的。

四、方法指南

繁重的学习与工作占据了我们太多的时间，使我们没办法停下来思考我们这么忙的意义是什么。生活仿佛是一个待办事项列表，做完一项接着又要完成下一项。几乎每个人都有过迷茫的经历，那么，如何在迷茫中探索与发现生命的意义呢？

（一）创造成就

成就，指的是从事某项工作或创立某种事业产生的意义。我们通过完成一件件事使自己获得成就感，进而找到自身的价值。

（二）坚持不懈地追求幸福

什么使你感到幸福？是家人的温暖陪伴，还是爱人的细心呵护，抑或是朋友之间不可言说的默契？奥地利著名心理学家弗兰克尔提出，爱是发现生命意义很重要的途径，也是意义感的重要源泉。爱让我们意识到生命的延续需要合作，不要过于自我，而要从成全彼此的体验中得到快乐。

（三）拥有片刻宁静

抽出些许时间独处、思考与冥想很有必要。在忙碌之余，给自己一点时间去思索、去反思，厘清思路，从更宏观的视角观察自己。这样，你才能弄清楚自己真正想要什么、要改变什么、怎样能满足自己的要求，以及如何实现既定的目标。

五、心理科学链接

发现生命意义的三个途径

弗兰克尔提出，生命意义有三个很重要的途径：成就、爱和苦难。成就，即从事某项工作或创立某种事业让我们产生意义。爱，即通过某件事或面对某个人而产生的一种温暖、依恋的关系。苦难，就是不可避免的痛苦和灾难。有很多学者从不同角度发现生命意义的实现途径，比如通过追求重要目标，通过满足个体对目的感、效能感和自我评估的需求，以及通过日常生活的举动和行为来超越自我。心理学家鲍迈斯特发现，人们如果知道自己通过某些途径得到了生活的回报，这种回报包括物质的、认知的、情感的，就可能会觉得生活是有意义的。

同学们，试着去找寻自己的生命的意义吧！

第二节
探索生命的"高度"

一、《论语》导读

（一）跟我读

子曰："志士仁人，无求生以害仁，有杀身以成仁。"

——《论语·卫灵公》

（二）跟我译

孔子说："志士仁人，没有贪生怕死而损害仁的，只有牺牲自己的性命来成就仁的。"

二、心灵启航

在孔子眼里，"仁"是生命意义的最高准则。生死攸关之时，宁可舍弃性命也要保全仁义。王安石说："世之奇伟、瑰怪、非常之观，常在于险远，而人之所罕至焉，故非有志者不能至也。"人生意义的实现就像爬山，古今无数仁人志士追求着"仁"这一人生信条，只为登顶生命意义之山巅。我们也要敢于攀爬人生的山峰，敢于探索生命的"高度"，追求属于我们自己的生命意义。

三、积极体验

（一）命运盲盒

我们每个人都来自不同的家庭环境，拥有不同的人生经验与履历，每个人的命运皆不相同。假设此处有一个箱子，箱内放置若干个球，每个球中都模拟了一个不同的人生。每个人从箱子中随机抽取一个球。假设从此刻起，我们的人生都变成了球中所设定的情景，请思考以下问题，与周围

的同学说一说你的想法。

1.对比你当前的生活状态，抽取的模拟人生有什么不同？你是否满意自己的模拟人生？

2.若不满意自己的模拟人生，你将怎么做来改变它的未来走向？若不满意自己在现实生活中的处境，你又会如何改变现状？

（二）攀登人生

请准备一张 A4 纸和几支彩笔，绘制出你人生的"山"。在纸上画出左右两座山，且每座山主要由山脚、山腰、山顶三大部分构成。

1.山脚处：写下从出生到现在你人生中的大事件，并标明经历时的年龄。令人振奋的事用暖色调（红、橙、黄等）书写在右山脚，令人沮丧的事用冷色调（绿、蓝、紫等）书写在左山脚。

2.山腰至山顶处：右侧用暖色调写下你想做的事、想从事的职业、想实现的小目标或大志向等（越靠近山顶的内容越重要），同时注明预计达成的时间及实现该事件带来的满足感；左侧用冷色调写下达成计划的过程中可能遇到的拦路虎。

绘制完成后，与身边的同学分享。

四、方法指南

想要探索生命的"高度"，但是不知道该怎么做，这里有小妙招供你尝试。

（一）体验新事物

体验从未接触过的事物，能打开你的视野，唤醒你沉睡的感官，重新感受生命的意义。如去博物馆体验一天小讲解员，从中感受行动的快乐，收获满足感。

（二）冥想意义感

若不知道生命的意义，每天为现世而忙乱，可以试着静心半小时，抛开一切繁务，认真冥想。冥想内容参考如下：

1.你是否有需要完成的特定使命，如师长的殷切期盼？

2.你是不是一个负责任的人，对老师、同学、家长都能担起应有的责任，不找借口，不退缩？

3.你是否能为周边的人带去美好，成为他们的开心果？

（三）设立小目标

结合自身实际，设立一个短期目标，走一步，再走一步。如想要强身健体，可以设立"每天锻炼 30 分钟，为期一个月"的短期目标，先达到再徐徐图之。

（四）保持乐观心态

你需要专注的不是最终的结果，而是其中一步步迈进的过程。及时调整不合理之处，为下一步的前进更好地预设及打气，你便能尽情感受目标实现时的满足。

五、心理科学链接

意义感与健康的关系

积极心理学大师马丁·塞利格曼认为，生命意义可以增进人的主观幸福感，降低抑郁和焦虑。很多身心医学的研究支持了生命意义的积极心理的价值。科伦等人对多个学术平台上的 10 项研究做了分析，涉及 13.6 万人，发现拥有意义感结果可以降低 20% 的死亡率，降低 19% 的心血管疾病发生概率。

波尔对美国芝加哥地区的老年人，做了一项长达 7 年的重要研究，结果表明，意义感得分较低的老人患阿尔茨海默症的概率是意义感得分较高的老人的 2.4 倍。

斯蒂格在著名医学杂志《纽约》上发表文章，认为意义感和寿命有非常明显的关系。在被追踪研究 8 年之后，意义感得分最低的 25% 的博士死亡率为 29.3%，而意义感得分最高的 25% 的博士死亡率只有 9.3%。

著名积极心理学家芭芭拉·弗雷德里克森发现，那些几乎不追求人生意义的人，即使他们并没有患病，身体也会调动自己处于一种"炎症性反应状态"，这会导致他们处于更高的罹患心脏病和癌症的风险之中。

第三节
少年为国挺脊梁

一、《论语》导读

（一）跟我读

曾子曰："士不可以不弘毅，任重而道远。仁以为己任，不亦重乎？死而后已，不亦远乎？"

——《论语·泰伯》

（二）跟我译

曾子说："士人不可以不志向远大，意志坚强，因为他责任重大而道路遥远。把实现仁德作为自己的责任，难道还不重大吗？奋斗终生，到死才停止下来，难道路程还不遥远吗？"

二、心灵启航

破旧的茅屋漏雨时，杜甫想到的是能有千万间大屋庇护天下苍生不受冻，即使自己的茅屋破败也心甘情愿。中国古代有很多像杜甫这样的名士，穷困潦倒时仍不忘黎民众生。

作为一名新时代少年，我们应该时刻牢记曾子所言，树立远大的家国抱负，勇于承担对社会的责任，为祖国的繁荣富强而努力学习。

三、积极体验

（一）为中华崛起而读书

周恩来年少时，国家处于半殖民地半封建社会，他目睹了中华民族贫弱不振、任由帝国主义列强宰割的现象，万分悲痛。因此，少年周恩来心系祖国，殷切希望祖国能独立，继而走向富强。从此，他便立志为中华崛起而读书。

阅读了上面这则故事，想必你一定有所触动，请跟周围同学分享你的启示。

（二）爱国行为测试

请思考，在过去你是否有过以下行为，有就在括号中画"√"，没有就画"×"。

1.在生活中，得过且过，未思考过人生的方向。（　　　）

2.不关注国家动态及热点。（　　　）

3.破坏公物或基础设施，做违反国家法律的事。（　　　）

4.升国旗时，与周围同学交头接耳、窃窃私语。（　　　）

5.在公共场合或私底下辱骂过国家、民族。（　　　）

对于画"√"的行为，反思自己将如何改正，请写在下面方框里。

四、方法指南

承担起对国家、社会的责任，可以从以下几方面入手。

（一）多学习

积极学习书本知识，同时向身边优秀的榜样看齐，取长补短，努力提高自身修养。

（二）养韧劲

我们一生中会遇到许多险阻。面对挫折时，要刚强坚韧，不退缩，不半途而废，更要时刻牢记自己的信念，勇于面对，迎难而上。

（三）立宏愿

在日常的学习与生活中，不要得过且过，要树立远大抱负，充满家国情怀。

（四）广见闻

多关心国家大事和时政要闻，关注国际发展的形势，拓展思维方式，培养家国意识。

（五）博涉略

多参加爱国主题活动，如参观抗日战争纪念馆，铭记历史，勿忘国耻，将满腔的爱国之情转化为强烈的国家责任感，为实现中华民族伟大复兴而努力奋斗。

五、心理科学链接

活出意义感

著名积极心理学家克里斯托弗·彼得森认为，能够活出幸福感的美好生活有四个要素：第一，要活出爱的感受。爱的感受是美好生活特别重要的元素。第二，要有愉悦的感觉。第三，要有共享感、服务感。第四，要活出意义感。

海拔4000米以上解放军的哨所里，官兵的生活条件很艰苦，没有电视、没有手机，吃的都是简餐，但他们活得很开心，这是因为他们找到了价值。前方是别人的土地，后面是祖国的山河，自己的存在能够让14亿人民睡个安稳觉或者过上幸福的生活，这种意义感是让他们能够坚守的重要原因。

因此，美好生活真的不单是那些物质、权力、地位、职称、奖励，更是我们对自己感情、价值、意义、成就、人与人之间关系的一种积极的肯定。美好生活其实就是我们要幸福的原因。

第十二章　自我效能感

第一节
欣赏自己，接纳自己

一、《论语》导读

（一）跟我读

子贡曰："有美玉于斯，韫椟而藏诸？求善贾而沽诸？"子曰："沽之哉！沽之哉！我待贾者也。"

——《论语·子罕》

（二）跟我译

子贡说："这里有一块美玉，是把它收藏在柜子里呢，还是找一个识货的商人卖掉呢？"孔子说："卖掉吧，卖掉吧！我正在等着识货的人呢！"

二、心灵启航

子贡将孔子比喻成一块美玉，而孔子对于子贡的美赞并未辞让，还自称为"待贾者"，自信地表达了他想要施展才华的强烈愿望。孔子对自己的才能十分了解，所以他希望自己能够找到"识货"的明主，更好地发挥自己的才能。

实际上，每个人无论聪明与否，都有闪光点，只是有的人尚未发觉。当然，每个人也都存在不完美的一面，正如《淮南子》中所说，"若珠之有颣，玉之有瑕，置之而全，去之而亏"。我们要接纳自己的白玉微瑕，是它让我们更完整，拥有独一无二的气宇！

三、积极体验

（一）我值得受表彰

成长就像升级打 boss，我们会遇到各种关卡，也会在解决一个个难题中有所收获。相信你也有过经过不懈努力，最终取得了成功的经历。若还未迎来成功，可能是因为坚持得不够久。认真思考，迄今为止自己最有成就感的事情是什么？请工整地写在下面的奖状里以表彰自己。随后，在全班同学面前依次念出自拟的颁奖辞。

```
┌─────────────────────────────────┐
│          奖状                     │
│                                   │
│                                   │
│                                   │
└─────────────────────────────────┘
```

（二）我像我的偶像

偶像有凡俗之处，你我亦有脱俗之处。你发现自己的闪光点了吗？与偶像的优秀品质相比，你有哪些相似之处呢？请找出来并填写在表 12-1 中。

表 12-1　我与偶像相比较

序号	偶像的优秀品质	我有相似之处
1		
2		
3		
4		
5		
6		

四、方法指南

自我效能感如何养成呢？都有哪些方法呢？让我们来尝试一下吧！

（一）自我成功经验

我们自己努力获得的成就，是建立自我效能感最有效的方法。常回忆我们曾经的辉煌，能使我们拥有充足的自信心。

（二）自我情绪调整

情绪及生理反应对自我评价有很大的影响。我们需要多关注自己的情绪，留意是否因为生理而影响心理，尤其在考试前后，要缓解压力，同时关注睡眠情况。

（三）他人成功经验

有时候，他人成功的经验会给我们充足的信心。通过他人成功的示范，我们会坚信自己一样也能达成，给自己充足的自我效能感。

（四）寻求他人支持

他人的鼓励及暗示是强化我们个人信念的有效方法。当我们觉得自己无法完成一件事时，寻求身边同学及家长的鼓励，会助我们一臂之力。

五、心理科学链接

接纳自己，改变世界

著名的心理学家威廉·詹姆斯说过："我们这个时代最伟大的发现就是人们可以通过改变对自身的认识，继而改变自己的生活。"我们的自我认识有很多，包括我是谁、我能干什么、我属于什么样的社会群体，等等。发现自己的闪光点，真正地欣赏自己，接纳自己所有的优缺点，你就会发现你比想象中还要优秀，还要与众不同。

第二节
做更好的自己

一、《论语》导读

（一）跟我读

子曰："吾十有五而志于学，三十而立，四十而不惑，五十而知天命，六十而耳顺，七十而从心所欲，不逾矩。"

——《论语·为政》

（二）跟我译

孔子说："我十五岁立志于学习，三十岁能够自立，四十岁能不为外界所迷惑，五十岁懂得了天命，六十岁能听进去各种不同的意义，七十岁能随心所欲而不越出规矩。"

二、心灵启航

孔子十五岁立志于学习，随着年龄的增长，孔子的思想境界逐步提高，在七十岁的时候，孔子达到了道德修养的最高境界。人的成长不是一朝一夕的事，不能一蹴而就。作为初中生的我们，若对自己的人生没有明确的规划，就会像诸葛亮所说的"年与时驰，意与日去，遂成枯落，多不接世"，可悲可叹！经过长期的学习和锻炼，我们不断完善规划，便能逐渐成为更好的自己。

三、积极体验

（一）人生规划

小捷是一名初中生，从小学到现在，小捷对自己的人生没有明确的规划，不知道自己为什么学习，也不知道将来想成为什么样的人。

请同学们仔细想一想，自己是否和小捷一样，对学习缺乏动力，对未来没有明确的规划？

填一填表 12-2，思考 10 年后的自己是什么样的人，并仔细想想为了达到 10 年之约，现在的你将如何规划。

表 12-2　人生规划表

现在的自己将如何规划	
3 年后的自己	
6 年后的自己	
10 年后的自己	

（二）时空穿梭道

请你闭上眼睛，跟随老师的指示语，尽情发挥自己的想象。

现在，想象自己正走在一条长长的时空穿梭道上。穿梭道两侧有许多的门，分别对应未来某个时刻我们的人生。

在左侧是第一扇门，轻轻推开它。门内，你顺利考上了高中，并且通过努力考上了心仪大学的理想专业。这真是个令人满意的结果，你欣慰地回到时空穿梭道中，走向下一扇门。

第二扇门在右侧，这扇门内展现的是你的大学生活。大学四年里你认真学习，成绩优异，获得多项奖学金，还结识了许多志同道合的朋友。毕业之际，面临职业抉择，你会选择什么？请根据自己的目标，大胆想象。

　　你继续走向下一扇门，打开它。这扇门内是你35岁的故事。你成了什么样的人，取得了什么样的成就，是否成了自己最想成为的人，还是因为学习不够努力而过上了自己曾厌弃的人生……请根据自己的目标，尽情

发挥想象。

出了门，眼前突现茫茫白光，你离开了时空穿梭道，回到课堂。请睁开眼睛，将你看到的未来与同桌分享。

四、方法指南

我的航标我做主。怎样让自己的人生更精彩呢？不如试着这样做。

（一）对自己定位

了解自己的内心，明确自己的兴趣爱好，思考自己未来想要从事什么职业或想要做什么，确定自己人生的大致方向。可以与爸妈进行讨论，让爸妈给我们一些帮助或建议！

（二）分析优缺点

拿出一张白纸，在纸上写出自己的优点、缺点，认真分析如何继续发扬优点、克服缺点。

（三）寻找好榜样

环顾教室四周，找一个值得学习的同学，通过学习他的优点来逐步提高自己的能力。

（四）树立小目标

结合之前确定的人生方向，树立一个短期的目标，脚踏实地一步步完成。

（五）做长期规划

在完成短期目标后，逐步设立月计划、年计划，在实现计划的过程中，根据实际情况或想法、环境等变化，不断调整自己的计划。

（六）保持乐观的态度

时常对自己进行适当的语言激励，增强自信心。

五、心理科学链接

价值观也是一种动力

价值观影响着一个人对于对错的判断，当人们的行为依从自己的价值观时，就会体验到一种安全感，感觉自己在做正确的事情。相反，如果违背自己的价值观行事，人就会感觉很不舒服，产生后悔、内疚、焦虑等负面情绪。

20世纪60年代，马斯洛提出，好的价值观系统可以推动人们到达想去的地方。一个人的核心价值观定义了他理想的生活状态。理想的生活状态能让我们产生很多目标、需求与渴望，价值观又会帮你选择路径，达成这些目标和渴望。

第五篇

积极成长

第十三章　心理韧性

第一节
诱惑不了我

一、《论语》导读

（一）跟我读

司马牛问君子。子曰："君子不忧不惧。"曰："不忧不惧，斯谓之君子已乎？"子曰："内省不疚，夫何忧何惧？"

——《论语·颜渊》

（二）跟我译

司马牛问怎样做一个君子。孔子说："君子不忧愁，不恐惧。"司马牛说："不忧愁，不恐惧，这样就可以叫作君子了吗？"孔子说："自己问心无愧，那还有什么忧愁和恐惧的呢？"

二、心灵启航

宋国大夫桓魋在宋国谋反，他的家人受牵连，四散逃亡。桓魋的弟弟司马牛逃到鲁国，并拜孔子为师。在孔子门下学习的日子里，司马牛知晓了真正的君子应该问心无愧，不忧不惧。

诱惑在我们身边无处不在。面对诱惑，我们要保有心理的韧性，做到问心无愧，方能不忧不惧；勇于克服不良的外界因素，方能在遭受重创时迅速恢复。

三、积极体验

（一）莫学被游戏网住的少年

小林是某中学初一的学生，他原本天资聪颖，老师和同学都十分喜欢他。但自从他迷上了网游，就经常玩游戏到深夜，无心学习，作业做不完，上课时无法集中注意力。

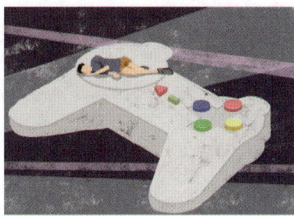

请你根据故事的开头，发挥想象，展开续写。

小林逐渐痴迷于网络游戏，整日整夜"泡"在网上，上学神游、作业应付，于是他_____

为了玩网络游戏，小林减少了自己的睡眠时间，天天熬夜，早上四五点起来做作业，于是他_____

小林十分痴迷游戏，在他眼里，书本上的内容、黑板上的板书都_____
_____

故事续写完成后，谈一谈你的感悟。

（二）积木——由困难垒砌的人生巅峰

请同学们在有限的时间里，把积木一一搭起来。搭积木的过程便是实现目标的过程，仔细体会踏实走好每一步的感受。每搭上一块，表示克服一个难关，向人生巅峰又迈进一步。

搭积木时，要时刻注意积木的稳定性，越高越易倾倒。若不慎倾倒，不要气馁，失败是成功之母，我们重新来过。

活动结束后，请和同桌交流自己的感受。

四、方法指南

韧劲是怎样炼成的？怎样锻炼自己的韧性呢？这里有些小诀窍！

（一）给予自己精神与物质奖励

当你觉得自己学习很累的时候，奖励自己一个最爱吃的冰淇淋，通过

这种额外的奖励，让自己坚持下去。

（二）制订意志训练计划

列出自己应做和不做的事情，并落实到每一天的生活中。可以让父母来负责监督，或者设置相应的奖惩。

（三）增强耐力的运动

平时多进行耐力运动，如爬山、游泳、长跑等，在一分一秒的坚持中磨砺意志力。

（四）联想后果以拒诱惑

生活中存在形形色色的诱惑，我们要时刻约束自己，通过联想不良后果来避免诱惑，拒绝享一时之乐而贻害无穷。

（五）转移注意力

棉花糖实验中，通过引入其他玩具，可以降低对目标的欲望。也就是说，当你特别想要玩电脑游戏，但是理智告诉你不应该玩的时候，可以试着读书或者邀请其他小伙伴一起参加户外游戏。

五、心理科学链接

自我管理迈向幸福

著名的剧作家奥斯卡·王尔德说过一句笑话："我能够抵御任何诱惑，除了诱惑本身。"我们增强自我控制能力，会对我们有什么样的好处呢？

有一个关于幼儿自我控制和成年之后的身体健康、社会地位、财富等方面的相关性的研究。研究发现，自我控制能力出色的人，其学业成绩更好，心理适应能力更强，自尊心也更加突出，人际关系更加和谐，安全的依恋类型更加明显，情绪反应更加积极。而所有这一切，都是与人的幸福感密切相关的，因此自我控制能力越强，幸福感也越高。

第二节
成功贵在坚持

一、《论语》导读

（一）跟我读

子曰："譬如为山，未成一篑，止，吾止也。譬如平地，虽覆一篑，进，吾往也。"

——《论语·子罕》

（二）跟我译

孔子说："譬如用土堆山，只差一筐土就完成了，这时停下来，那是我自己要停下来的；譬如在平地上堆山，虽然只倒下一筐，这时继续前进，那是我自己要前进的。"

二、心灵启航

正如孔子所言，要想用泥土堆成一座山，就必须坚持，这时停下便是功亏一篑。坚持，对每一个人来说都是珍贵的品质。在学习和生活中，我们都应如孔子所言，不轻言放弃，扎实地朝目标走一步，再走一步。拼三载春秋，搏一生无悔。同学们，成功贵在坚持。

三、积极体验

（一）你有自制力吗？

坚持不懈，方能通往成功。你的自制力有多强？做做下面的题，符合的画"√"，不符合的画"×"。

1. 我喜欢耐力运动。（　　）

2. 我能克制脾气，不会无缘无故发火或生闷气。（　　）

3. 我设定的计划，绝不会因为主观原因而拖延。（　　）

4. 我能静下心花一大段时间完成枯燥但重要的任务。（　　）

5. 我下定决心要完成的事，尽管千万人阻挡，都拦不住我的坚持。（　　）

6. 我作息有规律，不因兴致而随意改变作息，每天按时休息和起床。（　　）

7. 我有三分热度，但更多的是七分懒惰。事事感兴趣，但事事难持久。（　　）

做完意志自测题之后，结合你的答案，跟周围的同学谈谈你的想法。

（二）你能坚持几秒？

全班同学分成几组，每组8~10个人。每组成员围成一圈，按照以下姿势站立：两手平伸，抬起一只脚，架在另一只脚上，尽量下蹲，上身保持平直。要尽力克服自己想要放弃的心理，看看能坚持多久。中途放弃的同学要表演一个节目，坚持到最后的同学可以获得奖励。

结束后，请同学们相互分享一下参加活动的感受，同时交流一下自己坚持最久的事情是什么。

四、方法指南

如何锻造坚韧的品格？来尝试以下这些方法吧。

（一）养成良好习惯

养成良好的行为习惯，有助于我们增强意志力，不会轻易地因为主观的情绪、想法而随意改变。

（二）制定短期目标

如果一开始直接制定长期目标，在努力的过程中，很容易产生惰性和颓废心理。我们可以将长期目标划分成几个阶段性的小目标，逐一击破。

（三）进行自我鼓励

实现目标的过程是很艰辛的，可能会遇到瓶颈和困难，因此我们要学会自我鼓励，调整好自己的状态。

（四）寻找一个伙伴

独自朝着目标孤军奋战是十分枯燥和乏味的，寻找一个志同道合的小伙伴一起努力，彼此监督、相互打气，坚持的道路就不再漫长。

五、心理科学链接

家长如何训练孩子的意志力？

很多家长反映，孩子做事情总是没有办法坚持，一遇到困难就想放弃，并且总是不会自觉主动地学习。这说明，孩子的意志力有待加强。家长要从以下几个方面培养孩子的意志力。

1. 监督孩子完成具体的工作。家长要给孩子布置明确的任务，并指导监督孩子一步一步完成任务，在过程中予以鼓励和表扬，以强化孩子的意志力行为。

2. 训练孩子养成良好习惯。可以从小事进行培养，比如按时完成作业、做完作业后立即收拾书包、自己收拾房间等，让孩子在养成习惯的同时也能培养良好的意志力。

3. 培养孩子面对困难不畏惧的品质。家长在培养孩子意志力的过程中，可以设计难度适中的活动，并时刻鼓励孩子战胜困难，不可用消极的话语嘲笑孩子。

4. 以身作则，为孩子树立榜样。家长的一言一行都在影响着孩子，榜样的力量是无穷的。家长也可以陪伴孩子观看影片、阅读人物传记等，为孩子树立行为榜样。

第三节
你愿意与我相伴同行吗？

一、《论语》导读

（一）跟我读

孔子曰："益者三友，损者三友。友直，友谅，友多闻，益矣。友便辟，友善柔，友便佞，损矣。"

——《论语·季氏》

（二）跟我译

孔子说："有益的朋友有三种，有害的朋友有三种。同正直的人交友，同诚信的人交友，同见闻广博的人交友，这是有益的。同谄媚奉承的人交友，同当面奉承而背后诽谤的人交友，同惯于花言巧语的人交友，这是有害的。"

二、心灵启航

"高山流水遇知音，彩云追月得知己"，不论我们处在人生的哪个阶段，都需要朋友的支持。在这一则《论语》中，孔子为我们指明了择友的标准，即应当与正直、诚信、见闻广博的人交朋友，远离惯于走邪道、淫媚奉承和花言巧语的人。与正直、诚信、见闻广博的人建立良好的亲密关系，当我们面对挫折与困难时，他们能够给予我们精神支持与心灵力量，帮助我们更好地成长，与我们相伴前行。

三、积极体验

（一）最佳拍档

两个人一组，其中一个人需要戴上眼罩，蒙住眼睛，在另一个人的搀扶下，按照设定的路线取回老师指定的物品。

路线：从座位走到讲台——从讲台走到老师办公室（在此过程中两人要背对背夹球，手不能接触球且运送过程中球不能掉在地上），蒙住眼睛的同学在另一位同学的指挥下在老师办公桌上找到指定的物品——从老师办公室回到教室（用一根绳子绑住两个人的各一条腿，将取回的物品交给老师）——摘下眼罩。本轮完成后，换作另一个人蒙住眼睛，重复该路线。

第二轮完成之后，将小组分开，改成个人作战。每个人都蒙住眼睛，独立完成以下流程：从座位走到讲台——从讲台走到老师办公室，找到指定的老师获取暗号——从办公室返回教室，在黑板上写下暗号——摘下眼罩。（老师须全程跟随，保障学生安全。）

思考与讨论：

1.蒙住眼睛后，被他人搀扶着完成游戏是什么感觉？

2.失去了同伴的支持，自己孤立无援，独立完成游戏是什么感受？

（二）信任考验

9个人一组，其中一个人背靠着其他组员坐在椅子上，双手交叉抱于胸前，闭上眼睛向后倒，其他人在这位同学的背后用双手托住他。随后小组内轮换，依次体验"向后倒，被其他人托住"的感觉。

体验结束后，分享一下自己的感受。

四、方法指南

我们该如何与他人建立起良好的同伴关系呢？不妨试试下面的方法吧！

（一）了解自己的需求

深入了解自己的内心需求，分析一下自己需要怎样的同伴或朋友。

（二）多参加聚会

多参加自己比较感兴趣的聚会，在聚会上你可以结识性格各不相同的人，相信你一定可以找到志同道合的人。

（三）与人真诚交流

主动敞开自己的内心，与他人真诚交流，建立起更加亲密团结的关系。

（四）帮助他人

当同伴遇到挫折时，要学会给予对方帮助和支持。

五、心理科学链接

合作如何促进良好的人际关系？

早在 1973 年，美国著名的社会心理学家莫顿·多伊奇通过有关合作与竞争的研究发现，当群体成员的目标与手段都是积极的，并且相互依赖的时候，他们的合作就会产生积极的效果，这引发出三个重要的积极心理效应。

第一个积极的心理效应就是一致性。合作中的每一个成员朝正确的方向迈进一步，就会使所有成员都向目标更靠近一些，而且这样的行动和行动的主体都会受到其他群体成员的肯定性评价。

第二个积极的心理效应就是引导性。合作中一个成员的成功，通常会鼓励或者引导其他分享这种成功的人，也会为达成目标做出自己的贡献。

第三个积极的心理效应就是替代性。合作中任何一个成员的行动都会影响其他成员，并且一个成员已经做了需要做的事的时候，其他人就不必重复。

第四节
别让畏难情绪作怪

一、《论语》导读

（一）跟我读

冉求曰："非不说子之道，力不足也。"子曰："力不足者，中道而废。今女画。"

——《论语·雍也》

（二）跟我译

冉求说："我不是不喜欢老师的学说，而是我的能力不够呀！"孔子说："能力不够的人是到了半路才停下来，现在你是自己给自己划了界限、不想前进。"

二、心灵启航

王安石说："尽吾志也而不能至者，可以无悔矣，其孰能讥之乎？"如果尽全力还达不到，我们便能问心无愧了。但我们身边存在很多像冉求这样的人，并未用尽全力就半途而废，还直接归因于能力不足。很多情况如孔子所言，不是因为自身能力不足，而是受到思想上畏难情绪的阻碍，把失败归因于不可控因素，这是非常错误的归因方式。长此以往，我们可能会陷入"习得性无助"中，丧失继续尝试的勇气。因此，我们要学会理性、客观地分析，进行正确归因，不要被畏难情绪打败。

三、积极体验

（一）你认可他的归因吗？

两个人一组，共同完成以下活动。

1. 每组分得一张 A4 纸，两个人将白纸不断对折，对折 10 次以上则为成功。

2. 完成以上活动后，一个人先对成功与否进行归因，另一个人站在他的对面，通过手势表述自己对他的归因的认可程度。认可他则竖起大拇指，不认可则在胸前比画"×"。

3. 一个人归因结束后，两个人角色交换。

4. 活动完成后，比较归因过程中的不同意见，判断自己的归因方式是否合理，并分析不合理之处会对今后努力的程度、对待困难的态度和情绪产生哪些不良影响。

（二）你能够积极归因吗？

10 个人一组，围成圈坐下。每个人回忆自己近期完成得好或有缺憾的事，依次发言，并对其进行积极归因。当有人归因消极时，其他同学及时引导并指正。

参考句式："这次期中考试我很满意，因为我尽我所能了。"

所有人发言结束后，相互分享自己的感受，并在下方写下自己的积极归因誓言。如："在今后的生活中，我不会再随意贬低自己的能力，轻视自己的努力。只要我付出了 100% 的努力，我就是最棒的！"

四、方法指南

在归因的时候要选择适当的归因方式。归因方式主要有以下三种。

（一）归因在自己能掌握处

例如：取得优异的成绩，告诉自己是因为"准备得很充分""计划性的复习"等可控因素，而不是"我比别人聪明"等不可控因素；考试失利时，告诉自己是因为"准备不充分""学习方法不当"，而非是"我智力不足""我太笨了"等不可控因素。长期将失败归因于不可控因素会带来无助、绝望的情绪，降低学习、生活的积极性和主动性。

（二）归因在自己能努力处

积极引导自己进行努力方面的归因。例如：取得优异的成绩或获得学业进步时，告诉自己这是因为自己很努力；如果考了低分或学习退步，是因为自己不够努力。

（三）归因要根据结果适当调整

成功时可以肯定自己的内在努力，如我很用功、我拼尽全力等，有利于增强自己的自信心；失败时可以归因于外部的可变原因，如题目太难等，有利于为下一阶段的努力积蓄能量。

五、心理科学链接

塞利格曼的实验：习得性无助效应

1967 年，美国心理学家马丁·塞利格曼用狗做了一项有趣的实验。一开始他把狗关在笼子里，每次铃声响的时候，都给狗施加电击。狗关在笼子里逃避不了电击。多次试验之后，即使在给电击前先把笼子门打开，狗也不逃跑了，而是选择等待痛苦的来临。这一项研究表明，反复对动物施以不可逃避的强烈电击会造成动物无助和绝望的情绪。这种现象在心理学上叫作"习得性无助效应"，是指因为重复的失败或惩罚而造成的听任摆布的行为。

第十四章　成长型思维

第一节
你也可以成为"超级明星"

一、《论语》导读

（一）跟我读

子曰："见贤思齐焉，见不贤而内自省也。"

——《论语·里仁》

（二）跟我译

孔子说："见到有贤德的人，就应该向他学习、看齐，见到没有贤德的人，就应该自我反省（自己有没有与他相类似的错误）。"

二、心灵启航

你有过自卑的经历吗？在日常生活中，我们总会遇到比我们更优秀的人，是自怨自艾，觉得他们天生比我们聪明，还是奋力拼搏，以他们为榜样努力超越？同样，当你遇到不如自己的人时，你会沾沾自喜自己不是这样的人，还是会及时警醒自己别犯同样的错误？只要你保持一颗不断进步的心，"一日读书一日功"，你一定可以成为最想成为的人！

三、积极体验

活动小练兵：明星大侦探

在你的班级中，一定有这样响当当的人物，他可能出得一手好黑板报，可能是尽心尽力为班级付出的班委或课代表，可能是在班上不断偷偷努力的同学，也可能是善于发现优点的你。现在请你来做明星大侦探，介绍一下你身边的明星要闻吧。

我觉得_____是我的榜样，因为他有_____的优点，是我学习的方向。

四、方法指南

如何成为别人心目中的大明星呢？首先要成为自己心目中的"第一名"，不妨从现在开始，制作一份明星成长计划吧！

（一）我为自己点赞

每天起来第一件事就是站在镜子前给自己打气："我是最棒的，我每天都比昨天进步一点，我会慢慢成为更好的自己。"

（二）我为自己定调

你想成为学习标兵、体育健将，还是劳动小能手？把你的目标分门别类，写在纸上。

（三）我为自己行动

行动是第一生产力，不管你想成为什么样的明星，都要立刻行动。不断向身边的人学习，不断超越昨天的自己，你就是最闪亮的那颗星。

五、心理科学链接

如何正确地进行社会比较？

1954年，美国社会心理学家利昂·费斯汀格提出社会比较理论。他认为，自我认识的不确定性是人们进行社会比较的主要原因，我们每个人都有了解自我、评价自我的冲动，但在缺乏客观标准的情况下，我们会把他人作为比较的尺度，在比较中获得意义，而不是根据纯粹客观的标准来定义。

那如何正确地进行社会比较呢？如果我们比较是为了给自己增加行动的力量，向上比较，就可以让我们产生积极的能量，使自己提高得更快、进步得更明显。向上比较，强调自己和比较对象的相似性，也会让我们感觉舒适、快乐和被接受。积极心理学研究发现，向上比较也能够提供改善自我的信息、建议及灵感，更能激发我们行动的动力。

第二节
学习魔法袋

一、《论语》导读

（一）跟我读

子曰："学而不思则罔，思而不学则殆。"

——《论语·为政》

（二）跟我译

孔子说："只读书学习而不思考问题，就会迷茫而没有收获；只思考而不读书学习，就会疑惑而不能肯定。"

二、心灵启航

学习和思考就像是翅膀和羽毛——没有了羽毛，就不能飞翔，但只有羽毛，虽然能飘，却飞不远。所以，我们既要勤奋学习，也要积极思考，才能成为自由翱翔的雄鹰。就如语文学习，一张张卷子并非是让你学会追求标准答案，而是训练思维，助你建构起强大的逻辑网。在这其中，若沉迷于订正答案，不思考题目背后的逻辑链，成绩只能如逆水行舟，不进则退。所以，快拾起学习的魔法袋，别让思考"落灰"。

三、积极体验

（一）制作"错题本"

错题本是汇总自己平时做错的题目，方便找到学习中的薄弱环节，逐一击破。要注意思考做错的原因，进行方法提炼与经验总结。

1.把错题用黑笔整理在错题本上。

2.思考错误的原因，用红笔写在题目旁。

3.遮住答案，重做这些错题，逐一消灭知识漏洞，直到全部攻克。

4.时常翻看错题本，巩固复习。

（二）填充"能量瓶"

良好的学习方法才能保证高效率的学习。

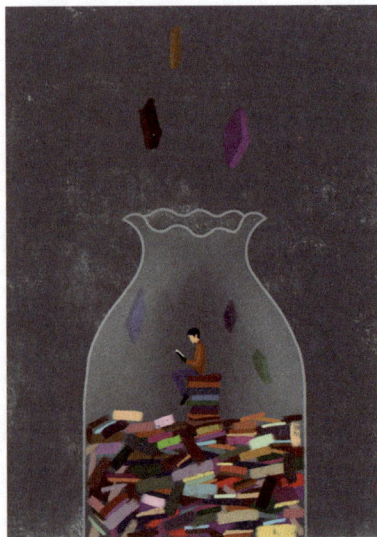

步骤1：清空杂念

端坐在座位上，合上双眼。在舒缓的背景音乐中，跟随老师的指导语展开想象。

步骤2：回顾人生

倾听着轻音乐，静静回忆自己在学习上6个最拿手的学习方法。

步骤3：效率大师

睁开眼睛，写下刚刚思索的6个最拿手的学习方法。

（1）_____

（2）_____

（3）_____

（4）_____

（5）_____

（6）_____

步骤 4：学习提速

请班里学习效率很高的两位同学充当时间管理导师，在全班同学面前分享学习秘诀，共同提升学习速度。

步骤 5：洗心革面

请与周边同学继续交流，并依次整理出自己学习方法的改进举措。

（1）_____

（2）_____

（3）_____

（4）_____

（5）_____

（6）_____

四、方法指南

思考是学习的发动机，如何让自己的思维更敏捷，发挥它最大的价值呢？这里给大家提供 5 个让思维自由跳舞的小方法，快来试一试吧！

加一加：添加哪些要素，可以让学习事半功倍？

减一减：减去哪些要素，可以让学习事半功倍？

反一反：从相反的角度（前后、上下、左右）对比思考。

联一联：把关联的事物结合在一起记忆。

代一代：有什么事物能代替另一样事物？

五、心理科学链接

孩子厌学，父母应该怎么做？

有的时候，家庭原因会导致孩子厌学，比如父母双方的管理能力较差，经常指责、打骂孩子，无法真正理解孩子，总是用命令、控制的口吻要求孩子。

如何正确地跟孩子就学习一事进行沟通，父母也不必太过焦虑，只要遵循合理的方法，愿意花足够的时间，孩子自然会主动学习。

首先，对于孩子的厌学问题，父母一定要在思想上足够重视并积极与孩子表达想要沟通的意愿，沟通时说出对孩子的理解与尊重，充分接纳孩子所有的情绪与想法。如果孩子不愿意跟父母进行言语沟通，可以尝试书信沟通。

其次，评估家庭关系。孩子出现厌学问题的重要原因之一就是家庭结构出现问题。对于父母之间的情感，孩子可以敏锐地感知到并因此而分散学习注意力，情绪也会变得非常不安稳，因此，努力给孩子营造一个健康的家庭氛围是很重要的。

最后，积极关注孩子的优势并给予充分的肯定和表扬，放假时间经常带孩子一起参与志愿活动，如做义工，使孩子在一次次的活动中逐渐建立起自我效能感，从而逐步提高孩子的自尊心。

所以，很多时候，厌学问题的出现，也是家庭问题需要治愈的信号。

第三节
我给错误翻个面

一、《论语》导读

（一）跟我读

子贡曰："君子之过也，如日月之食焉：过也，人皆见之；更也，人皆仰之。"

——《论语·子张》

（二）跟我译

子贡说："君子的过错就像日食、月食现象一样。他犯了错，人们都会看得见；他如果改正了过错，人们（也）都会仰望他。"

二、心灵启航

有一天，孔子带着他的弟子外出讲学，当他们来到海州的时候，刚好狂风大作。当地的一个老渔翁就把他们领进一个山洞躲雨。这山洞面对着大海，孔子看到外面的海景，不觉诗兴大发，就吟了一句诗："风吹海水千层浪，雨打沙滩万点坑。"不料老渔翁却说："先生，你说得不对啊，难道你确定这海浪就只有千层，这沙滩的坑刚好是万点吗？"孔子想了想，觉得老渔翁说的话十分有道理，就问道："如果您觉得不妥，怎么样改才合适呢？"没想到老渔翁不急不慢地说："依我看，应该是风吹海水层层浪，雨打沙滩点点坑。这浪是一层一层的，坑是一点一点的，数也数不清，这才合乎常理。"孔子想着老渔翁的话，突然发现自己犯了个大错误，于是就把门生召集到一起说："我之前说过'生而知之者'是错的啊，大家要记住'知之为知之，不知为不知，是知也'这句话。"说完当即吟诗为证："登山望沧海，茅塞豁然开，圣贤若有错，即改莫徘徊。"

《左传》里说："人谁无过？过而能改，善莫大焉。"孔子被尊称为圣人，都会犯错，何况是我们普通人？！所以犯错并不可怕，可怕的是知错不认错，一错再错。坦然地接受错误，并把错误当作成长的契机，积极去改正。即使是咸鱼，也有翻身的机会！

三、积极体验

（一）学会积极认错

在日常学习中，我们每个人都难免会犯错误，但是大多数人因为自尊心强或者心理压力大，不愿意主动承认错误。那么，这个游戏会让我们从突破自己的局限开始，学会积极认错，同时也会让我们

意识到勇敢认错对良好同伴关系建立的重要性。

游戏人数：11人（其中1人为发令者）。

游戏步骤：

1.发令者准备好口令卡，其余10人分成两组，站成一列。每做对一个口令，前进一步，加1分；每做错一个口令，后退一步，扣1分；分数高的小组获胜。

2.当发令者喊出口令时，请参与者做出相反的动作。比如：当发令者喊举左手时，请参与者举右手；当发令者喊向左转时，请参与者集体向右转。

3.在游戏进行过程中，若小组有一人出错，则视为集体出错。

4.出错的人要站出来，向大家鞠一躬，并且大声地说一声："对不起，我错了！"

5.对挑战积极认错的人，参与者要给予掌声鼓励。

一句"对不起，我错了"看似简单，但会让同学们在重复的认错行为中培养承认错误的勇气，同时也感受到承认错误对小组协作的重要性。

（二）换个角度看"错误"

通过上面的小游戏，相信同学们对错误有了新的认识，你认为错误对人的发展来说是好事还是坏事？面对错误，有的人在错误中一蹶不振，有的人在错误中不断成长。其实，就像一枚硬币都有正反两面一样，错误也有它宝贵的一面，现在请尝试在下面的横线上写下至少三个关于"错误"的价值吧！

_____

_____

_____

_____

四、方法指南

错误往往是通向真理的开始，学会从错误中发现经验，并不断总结教训，就可以化错误为契机，化失败为动力。掌握"3A原则"——Accept（接受）、Attention（重视）、Action（行动），有助于我们快速战胜错误，走向胜利。

Accept（接受）：内心要正视错误的存在。面对错误，要首先在心里接纳它，允许它的发生，这是改正错误的首要前提。

Attention（重视）：认真盘点犯错的原因。尝试对错误进行观察、分析，比如问题出现在哪里，主要是哪些原因导致的。

Action（行动）：制订新计划并行动。根据错误的情况，重新制订改正错误的新计划，并严格按照要求行动。

五、心理科学链接

如何正确夸奖？

心理学家德韦克通过实验研究得出一个结论：当我们夸孩子聪明时，等于是在告诉他们，为了保持聪明，不要冒可能犯错的险。

为什么会这样呢？因为自认为聪明的孩子害怕尝试与挑战，"没有尝试就不会有失败"，他们倾向于用固定型思维思考问题，他们害怕失败，只想要证明自己的能力、魅力等，尽量避免暴露不足。

因此，如果家长专注于表扬孩子的能力，就会令孩子产生更多的固定型思维，因为这使孩子觉得聪明非常重要，聪明是家长爱他或尊重他的原因，所以孩子就会想在任何时候都要表现得很聪明。而当他们遇到靠聪明才智解决不了的问题时，会因为担心自己万一失败了就显得很愚蠢而惧怕挑战，因此选择较为"安全"而保守的道路。

然而，有另外一种类型的孩子，他们经常被称为"努力的孩子"。这种类型的孩子倾向于用成长型思维进行思考，往往愿意挑战新事物，学习新东西。他们的思维模式是，通过努力可以解决问题，通过努力可以提高自己的技能、展现自己的才华。成功关乎个人成长，可以利用自己的才华为社会做贡献，而不是为了证明自己比别人更聪明。所以，他们也更愿意与人合作和帮助别人。

第四节
挑战不可能

一、《论语》导读

（一）跟我读

子曰："君子不器。"

——《论语·为政》

（二）跟我译

孔子说："君子不像器皿那样（只有某一方面的用途）。"

二、心灵启航

说到张衡，大家首先就会想到他发明了地动仪，其实张衡不仅仅是个发明家，除了这个最为人熟知的成就，他还是一个"别人家的孩子"。他是浑天说的代表人物之一，他认为月球不会发光，月亮的光其实来源于日光的反射，并解释了月食形成的原因；他是个地理学家，曾经画了一幅地形图，该图一直保存到唐朝；他是个文学家，有很高的造诣，与司马相如、扬雄、班固并称为汉赋四大家。除此之外，他还是思想家、数学家、画家……可谓是个全才。

在生产条件和科研条件极不发达的古代，张衡能挑战自己，成为一个优秀的斜杠青年。因此，我们要向张衡学习，面对有挑战的任务时，自信地说一句"我可以"，给予自己积极的暗示，尝试挖掘潜力，挑战极限，成就更好的自己。

三、积极体验

（一）护蛋计划

游戏内容：一颗生鸡蛋是非常容易破碎的，同学们要挑战轮流保护一颗生鸡蛋一周，你们可以做到吗？

游戏步骤：

1. 依据人数分成若干组，每组5人，组员要给自己的鸡蛋取一个名字。

2. 除做操或其他剧烈运动、睡觉的时间以外，必须随时把鸡蛋带在身边，次日把鸡蛋交给老师做标记，并转交给下一位保管员。

3. 一周后由老师统一检查验收。

护蛋计划看似简单，但也挑战着你们的耐心、细心，希望你们可以护蛋成功。

（二）神奇的一分钟

世界上最快也最慢、最长也最短的就是时间，把握生命里的每一分钟，充分发挥它们的最大价值，才能在有限的时间里，挑战更多的不可能，实现更完美的自己。

活动时间：一分钟。

活动程序：

1. 老师提出问题。根据生活经验，你认为一分钟可以拍手多少下？

2. 自己确定目标。每个人先思考几秒，之后分组，每组5~6人，选出小组长与记录员。

3. 现场比拼。限时一分钟，现场比拼。

4. 再次挑战。重新制定目标，看能否超越第一次的战绩。

思考与讨论：

1.你对一分钟有什么新的认识？

2.一分钟拍手的实际次数比你预计的次数是多还是少？

3.如何将对一分钟的新感受运用到挖掘自己的学习潜能上呢？

四、方法指南

生活中我们习惯于自我否定，给自己设限。如果你有自我设限的行为表现，可以采取以下方法改变。

（一）进行积极的自我暗示

要相信人的潜能是无限的，只要自己肯努力，一切皆有可能。

（二）围绕自己的目标，循序渐进地执行

每天努力一点点，坚持下来，就会大有不同。

（三）给自己找一个榜样

当你感到自己在打退堂鼓时，就用榜样来激励自己。

总之，处理自我设限的关键是，首先要意识到自己的这种心理感受，并察觉到自己的这种状态是否存在消极或者逃避的可能。一旦确定后，就要采取以上方法进行纠正。

五、心理科学链接

两种不同的思维方式

为什么有些人喜欢接受挑战，在面对困难时很坚韧，而另一些具有同样天赋的人却避开挑战，在遇到挫折时内心崩溃？这个问题激起了心理学家德韦克的研究兴趣，她开始研究为什么有些人成功、有些人失败，于是她发现了成功的秘密——思维模式的不同。

德韦克发现那些发展得很好的人往往倾向于成长型思维模式，相信通过努力、良好的策略、其他人的反馈和帮助，他们的能力可以提高。

而另一些人更倾向于固定型思维模式。他们在心里对自己说："我的能力是天生的。在童年后，我的能力就是固定的了，我无能为力做出改变。"

当一个人处于固定型思维模式时，他想要保证其他人只看到自己最好的一面。当他失败时，他可能会感觉自己受到了威胁。但是当他处于一种成长型思维模式时，他就不会害怕去尝试有挑战的事情，也不会害怕犯错。

同学们，思考一下，你们是哪种思维模式呢？你们想要做出些改变吗？

第五节
懂得自制，每天进步一点点

一、《论语》导读

（一）跟我读

孔子曰："见善如不及，见不善如探汤。"

——《论语·季氏》

（二）跟我译

孔子说："看到善良的行为，就会担心自己达不到，看到不善良的行为，就像把手伸到开水中一样赶快躲开。"

二、心灵启航

有一个小男孩，小时候十分贪睡，经常受到同伴的嘲笑，后来他决定改掉贪睡的坏毛病。为了早早起床，他用圆木做了一个枕头，早上一翻身就惊醒了，于是他每天早早地起床读书，终于成为一个知识渊博的人，他就是写出了《资治通鉴》的大文豪——司马光。古往今来，凡是能成就大事的人，大都是非常勤奋刻苦的人。他们具有忧患与危机意识，懂得自制，并不断朝着目标努力，为的就是使自己成为更优秀的人。

三、积极体验

（一）诱惑，诱惑，请走开

活动内容：

1. 三个人一组，其中一人扮演诱惑者，一人扮演理智者，另一人扮演受到诱惑的拖延者。

2. 活动过程中，诱惑者要不断说出各种吸引拖延者的理由，理智者要一一驳回，拖延者要继续快速做出决策，并说出理由。

3. 每个人互换角色，再次体验，最后表演者分享自己先后两次体验的不同感受。

（二）心理剧场

两人一组，表演下面的情境，内心想法可以用画外音来表达，注意体会主人公的感受。

有一天，黄晓与孙童一起去爬山，孙童不小心扭伤了脚，黄晓主动背他下山，孙童十分感激，两人渐渐成了好朋友。黄晓到孙童家做客，孙童拿出烟酒招待。黄晓心想：老师和父母经常告诫自己不能喝酒。但碍于朋友情面，还是接受了，最后醉醺醺地回到家，不但受到父母的批评，还大病了一场。

表演结束，分享彼此的感受。

四、方法指南

我们难免会有懈怠和放纵自己的时候，当我们发现自己失去自制力时，不妨试试下面三个办法。

（一）用番茄钟来控制自己的时间

给自己制定一个时间表，在规定时间内，必须按照计划完成，不能做其他无关的事。

（二）用深呼吸来控制自己的情绪

当你发觉自己要发怒时，尝试用3—3—6呼吸法（吸气3秒，停顿3秒，呼气6秒）来避免"火山大爆发"。

（三）用奖励来控制自己的言行

给自己制定一份约定，如果一个月内没有违背约定，就可以给予自己适当的奖励。

五、心理科学链接

自我控制与大脑之间的关系

1999年，有心理学家通过功能性磁共振成像技术发现人类自我控制的脑区恰恰就是人类智慧的中心——大脑的前额叶。自我控制能力强的孩子，大脑前额叶的白质和灰质的密度及容量比其他的孩子大很多，这说明我们的自我控制与智慧是密切相关的。同时，自我控制与人的学业成就和未来的表现都是密切相关的。自我控制能力突出的人，学习能力更强，成绩更好，心理适应能力更强。

第十五章　目标达成

第一节
跳一跳，够得着

一、《论语》导读

（一）跟我读

子曰："中人以上，可以语上也；中人以下，不可以语上也。"

——《论语·雍也》

（二）跟我译

孔子说："对于中等以上资质的人，可以给他讲授比较高深的学问；对于中等以下资质的人，不可以给他讲太高深的学问。"

二、心灵启航

同学们，你们知道为什么 NBA 篮球比赛会如此精彩激烈、富有观赏性吗？其实啊，这与篮球筐的高度有很大的关系。试想，如果篮球筐和自己的身高一样高，那就没有什么难度了，人们也会失去兴趣；但如果设得太高，人们总是投不进去球，也会失去耐心。所以，最理想的就是把篮球筐设定为跳一跳可以够得着的高度，这和维果茨基的"最近发展区"是一样的道理，在现有水平和可能发展到的水平之间，只差一个充分发挥自己潜能的距离。孔子被后人奉为万世师表，一个重要原因就是他擅长"因材施教"，能够根据学生的不同能力和特点，为他们设置"跳一跳，够得着"的目标。

那么，从我们自身出发，如何设置合适的学习目标，使它既能符合我们的现有水平，又能充分挖掘我们的潜能，朝着我们的理想水平迈进呢？

三、积极体验

（一）我是小小规划师

初一年级的安安最近很是苦恼，自己学习很刻苦，也制定了详细的目标，却总也没有办法坚持完成。大家快来帮他分析一下，为什么他总是完不成目标？

1. 背诵完一本古诗词的书。

2. 数学检测要突破90分大关。

3. 每天做一套英语测试题。

思考与讨论：

安安制定的目标有什么问题吗？

（二）时间蛋糕

你知道自己一天的24小时是怎么度过的吗？下面的活动会让你更清楚时间都去哪儿了。

活动时间：30分钟。

活动流程：如右图所示，给自己制作一份时间蛋糕图，然后估计一下每一天每项事情（睡觉、学习、吃饭、休息、娱乐、运动、其他）所占用的时间比例，做出切分，并用不同的颜色标注出来。

思考与讨论:

1. 观察时间蛋糕图,总结出你的时间安排的优劣之处。

2. 根据问题,重新调整出一份时间蛋糕图,并做好详细的时间规划。

四、方法指南

你想怎样达成目标呢?你知道 SMART 原则吗?

SMART 原则由管理大师乔治·杜兰提出,该原则将目标分为五个维度,分别是"具体的(Specific)""可衡量的(Measurable)""可实现的(Attainable)""相关性(Relevant)""有时限的(Time-bound)"。应用到学习中,就是要制定一个具体的、可量化的学习目标,而且学习目标要具有相关性,并要确定检验时间。根据 SMART 原则,按下面的示例给自己制订一份可操作、可实现的学习计划吧!

目标:在一个月内背诵四篇古文。

衡量:期中考试之前,让家人帮助检查过关,如果检查过程中家人连续提醒三次,视为不过关。

实现:用早起和周末时间背诵,每周背一篇古文,次周滚筒式温习。

相关:上学期的语文检测中,古文默写扣分较多,如果自己能够对新学期的古文倒背如流,就不用担心默写了。

时限:期中考试 11 月 12 日之前必须会背。

同学们,你们学会了吗?现在,如果你们是积极体验案例中的安安,会怎么修改和制定学习目标呢?

五、心理科学链接

希望感是鸡汤吗?

大家知不知道,在我们践行目标的过程中,支撑我们朝着目标努力的是什么?

1991 年，著名心理学家查尔斯·斯奈德提出了"希望感理论"。他认为希望感包括"意志"和"策略"两个成分，一个有希望感的人不光要有意志去实现自己的目标，更要有一些实现自己目标的策略和方法。

希望感能够让我们不断进步并得到提升，而那些具有学习目标的人，更可能形成一种长期的、稳定的行动策略来实现自己的目标，并且随时观察自己的进步，从而不偏离行动的方向。大量的研究已经证明，学习目标与我们的成功有很大的关系。不管是学术还是体育运动、艺术、科学、商务活动，都与树立学习目标有很大的关系。而那些没有希望感的人，通常在生活中经历的是一种目标失控感，也就是说，这样的人往往想走捷径，不愿意冒险，不愿意接受挑战，不愿意接受成长的机会。他们在失败之后通常会选择放弃原先的目标，并且经常产生习得性无助感，即他们对自己的生活环境缺乏主动控制的能力，也不相信自己有这样的能力，这样的人往往是没有希望感的人。

第二节
磨刀不误砍柴工

一、《论语》导读

（一）跟我读

子曰："工欲善其事，必先利其器。"

——《论语·卫灵公》

（二）跟我译

孔子说："做工的人要想把自己的活儿做好，必须首先使工具锋利。"

二、心灵启航

陶宗仪是江苏松江的一位普通教师，《明史》上记载，他常在教学之余去躬耕田园。灵感来的时候，他就把自己的诗作写到随手摘下的树叶上，然后把它们积攒起来放进瓮里。如此日复一日，年复一年，10年过去了，装树叶的瓮已经有了几十个，他让学生们把那些瓮挖出来，再将树叶上的文字抄录成书，这就是今天我们还能看到的长达30卷的《辍耕录》，此为"秋叶成书"的典故。

没有一蹴而就的成功，只有日积月累的坚持。正所谓磨刀不误砍柴工，每个人在学习之前都应该清楚自己适合什么样的学习方法与学习方式，同时制订好计划，合理利用自己的时间。只有这样，才可以有针对性地开展学习，从而在最大程度上提高学习效率。

三、积极体验

（一）了解自己的学习风格

每个人在长期的学习过程中，因为先天和后天因素的影响，学习方式都会有所不同。渐渐地，每个人都会偏爱某种学习方式，进而形成自己的学习风格。

活动时间：30分钟。

活动程序：

对照下面描述的学习风格的特点，看看你最符合哪一种学习者类型。

1. 主动型。学习者较偏好多人一起合作的团队学习。

2. 反思型。学习者喜欢独自一人完成工作，较偏好单独去思考学习的内容。

3. 感官型。学习者无法接受所学内容和真实世界是没有关联性的，较偏好学习具体的事实。

4. 直觉型。学习者较偏好发觉事物间的关联或可能性，喜欢以快速而创新的方法完成工作，不喜欢重复而规律的事物。

5. 视觉型。学习者在看到图片、图表、流程图、时间表、影片，或者实际演练时会有较佳的记忆效果。

6. 听觉型。学习者对文字说明或口头讲解的方式有较佳的学习效果。

7. 循序型。学习者倾向于从头开始、按部就班地进行学习，一步一步地循着逻辑前进。此外，循序型学习者亦倾向于跟随逻辑性的步骤去找出答案。

8. 总体型。学习者偏好跳跃式的学习，他们通常看不出前后内容的关联性，而是采取跳跃的方式吸收知识，之后才会顿悟。

（备注：学习风格的概念由美国普通心理学学者哈伯特·赛伦于1954年首次提出。）

思考与讨论：

1. 你是哪一类型的学习者，判断依据是什么？

2. 用什么样的学习方法，可以发挥视觉型、听觉型等学习者的最大优势？

（二）了解自己的学习习惯

1. 说一说某个不良的学习习惯对自己的影响。

2. 说一说某个好习惯对自己的影响。

3. 你曾经打算改掉或坚持什么习惯？效果怎样？

不良的学习习惯是成功路上的绊脚石，而良好的学习习惯会让自己变得更优秀。

四、方法指南

怎样积累自己的能量，让自己成为更好的人呢？或许这些方法可以帮助到你!

（一）学会自律

自律是让一个人提升最快的方法，比如上课安静倾听不跑神，作业认真完成不敷衍，吃饭七分饱不贪食。

（二）学会一门技能

学会一门技能，可以让自己的生活更丰富多彩。比如跳芭蕾，可以让人感受到舞台的魅力；打网球，可以让人感受到运动的快乐，在开阔眼界的同时，也提升自己的本领。

（三）制订日、周、月、季度、年计划

计划是指引我们进步的方向，如果你想成为学习冠军，就要从每天认真学习开始做起，所有的大计划都是从一点一滴的小计划的落实开始的。

（四）找一个榜样人物

在你身边一定有让你佩服的人，他们可能在学习上一丝不苟，可能在与人相处时具有乐观的品质。俗话说"近朱者赤，近墨者黑"，如果你找到一个榜样人物做示范，就会有更大的进步空间。

（五）坚持阅读

阅读是最简单也是最高贵的行为，通过阅读，我们可以了解世界，可以丰富知识，还可以提升自己的气质。坚持去阅读，你的能量就会越来越多。

五．心理科学链接

如何培养孩子良好的学习习惯?

著名教育家叶圣陶先生曾说："什么是教育？简单一句话，就是养成良好的习惯。"良好的学习习惯，有利于激发学生学习的积极性和主动性，有利于提高学习效率，有利于培养自主学习的能力，有利于培养创新精神和创造能力。

初中阶段是孩子的思想品质和学习习惯形成的关键时期，而学习成绩的差距正是学习习惯的差距，因此，家长要对培养孩子良好学习习惯这件事足够重视。

首先，家长要树立时间观念，掌握生活规律，以便使孩子在繁重的学业生活中养成良好的作息规律。家长可以帮助孩子制定详细严格的作息时间表，细化孩子的行为习惯，为其提供强大的后盾。

其次，对孩子在学习方式方法上出现的问题及时进行指导与纠正。例如：培养孩子坚持阅读的良好习惯、高效完成作业的良好习惯，以及在学习方法上给予方法论等具体指导。同时，以身作则，为孩子创造良好的学习环境。当孩子在家学习的时候，家长尽量不要做看电视、玩手机等扰乱孩子心绪的事。家长也可以通过在孩子旁边看书等方式，潜移默化地引导孩子形成终身学习的意识与习惯，同时也起到为孩子树立表率的作用，与孩子共同成长、共同进步。

最后，与学校紧密联系，加强家校沟通合作，形成教育合力，及时发现问题并解决问题，与教师达成共识，让孩子得到真正的理解和赏识。

第十六章　兴趣与专注

第一节
兴趣是最好的老师

一、《论语》导读

（一）跟我读

子曰："知之者不如好之者，好之者不如乐之者。"

——《论语·雍也》

（二）跟我译

孔子说："知道学习的人，不如爱好学习的人；爱好学习的人，又不如以学习为快乐的人。"

二、心灵启航

为什么足球爱好者能够在夏日乐此不疲地奔跑在运动场上？为什么冬泳爱好者可以在刺骨的河水中自在愉快地畅游？学习需要付出艰苦的脑力劳动，但是好学者为什么能废寝忘食，挑灯夜读？这就是兴趣的力量。兴趣是最好的老师，是学习的发动机，它让我们的智力得到开发，知识得以丰富，眼界更加开阔。所以，要怎样才能提高自己的学习兴趣呢？

三、积极体验

（一）兴趣大盘点

在你的成长过程中，一定有很多你感兴趣的事情，现在把它们尽可能多地写出来吧。

在学习上，我感兴趣的事情是 _____，原因是：

1._____

2._____

3._____

在生活上，我感兴趣的事情是 _____，原因是：

1._____

2._____

3._____

接下来，请对你的兴趣进行总结，发现自己兴趣的共同之处，如我喜欢一切比较热闹的场合。

（二）归因探索

期末考试的成绩下来了，甲乙丙丁四位同学的成绩都很不理想。他们是怎么分析考不好的原因的呢？

甲：唉，我就不是学习的料！再怎么努力也没用！

乙：这一次我运气太"背"了，考的恰巧都是我没有复习过的内容。

丙：都怪老师教得不好，太倒霉了，无法提高成绩。

丁：我没有及时总结和复习，都是不努力惹的祸。

思考：分析甲乙丙丁的四种归因方式，谈谈你的看法，思考自己在考试失败的时候，经常采用的归因方式是什么？是外界环境的影响，还是自己没有努力？你觉得哪一种归因方式更有利于促进学习？

四、方法指南

兴趣养成记

_____年_____月_____日　星期_____　天气_____

今天，对于以前不喜欢的学科，我做了以下事情（如我读了一篇关于自强不息的故事，很受感动；我预习了数学）：

1.＿＿＿＿＿＿＿＿＿＿＿＿＿＿＿＿＿＿＿＿＿＿＿＿

2.＿＿＿＿＿＿＿＿＿＿＿＿＿＿＿＿＿＿＿＿＿＿＿＿

我的收获是 ＿＿＿＿＿＿＿＿＿＿＿＿＿＿＿＿（如我要像故事中的人

物一样，做事情能持之以恒；我弄明白了几个概念）。我觉得我开始

喜欢＿＿＿＿＿＿＿＿＿＿了。（把这句话抄写在下面的横线上。）

我觉得＿＿＿＿＿＿＿＿＿＿＿＿＿＿＿＿＿＿＿＿＿＿＿

我一定要坚持下去。我相信我一定能！（把这句话抄写在下面的横线上。）

我一定要＿＿＿＿＿＿＿＿＿＿＿＿＿＿＿＿＿＿＿＿＿＿＿

五、心理科学链接

中学生学习动机量表（MSMT）

中学生学习动机量表（MSMT）是由多位心理学工作者根据多年的科学研究，结合实践经验，专门为分析和测定学生学习活动的内在动机而编制的，具有较高的信度和效度。该量表用于了解中学生在学习动机、学习兴趣、学习目标制定上是否存在行为困扰，共由 20 项构成。测验时，请仔细阅读每一项，并与自己的实际情况相对照。若觉得相符，请选择 A；若觉得不相符，请选择 B（表 16-1）。

表 16-1　中学生学习动机量表（MSMT）

序号	事项	相符（A）	不相符（B）
1	如果别人不督促你，你极少主动学习。		
2	当你读书时，需要很长时间才能提起精神来。		
3	你一读书就觉得疲倦，只想睡觉。		
4	除了老师指定的作业外，你不想再多看书。		

5	如有不懂的，你根本不想设法弄懂它。		
6	你常想自己不用花太多时间，成绩也会超过别人。		
7	你迫切希望自己在短时间内就大幅度提高自己的学习成绩。		
8	你常为短时间内成绩没能提高而烦恼不已。		
9	为了及时完成某项作业，你宁愿废寝忘食，通宵达旦。		
10	为了学好功课，你放弃了很多感兴趣的活动，如体育锻炼、看电影与郊游等。		
11	你觉得读书没意思，想去找份工作做。		
12	你常认为课本的基础知识没啥好学的，只有看高深理论，读大部头作品才带劲。		
13	只在你喜欢的科目上下狠功夫，而对不喜欢的科目放任自流。		
14	你花在课外读物上的时间比花在教科书上的时间要多得多。		
15	你把自己的时间平均分配在各科上。		
16	你给自己定下的学习目标，多数因做不到而不得不放弃。		
17	你给自己定下的学习目标，多数不容易做到。		
18	你总是同时为实现几个学习目标而忙得焦头烂额。		
19	为了对付每天的学习目标，你感到力不从心。		
20	为了实现一个大目标，你不再给自己制定循序渐进的小目标。		

积分规则与结果解释：

每项选 A 记 1 分，选 B 记 0 分。

将 20 项分为 4 组：1~5 项测查学习动机是否太弱；6~10 项测查学习

动机是否太强；11~15项测查学习兴趣是否存在困扰；16~20项测查学习目标是否存在困扰。

若每组得分在3分以上，则可以认定为在相应的学习欲望上存在不合理的认识，或存在一定程度的困扰。

第二节
专注成就人生

一、《论语》导读

（一）跟我读

子曰："贤哉，回也！一箪食，一瓢饮，在陋巷，人不堪其忧，回也不改其乐。贤哉，回也！"

——《论语·雍也》

（二）跟我译

孔子说："颜回的品质多么高尚啊！用一个竹筐盛饭，用一只瓢喝水，住在简陋的巷子里，别人都忍受不了这种穷困清苦，颜回却能照样快活。颜回的品质多么高尚啊！"

二、心灵启航

专注是一种良好的习惯，凡是有成就的人，都能把精力集中在他们所从事的事业上，有良好的注意力品质。正如孔子描述颜回，尽管颜回处在艰苦的环境中，但是仍然专注学习，就是因为他拥有良好的注意力品质。因此，我们也要学习颜回的优秀品质，全身心地投入学习与生活。那么，注意力要如何提升呢？

三、积极体验

（一）挖掘注意力潜能

人们往往乐于在感兴趣的事情上投入大量精力，下面请列出你能持续投入一小时以上的活动（除睡觉之外）。

活动 1：_____

活动 2：_____

活动 3：_____

思考与讨论：

1. 这些活动为什么会吸引你的注意力？

2. 从这些活动中，你受到什么启发？

（二）假期名片制作

步骤 1：请大家回顾自己的假期，找到一件最难忘的事情，制作一张假期名片。名片信息以当时的心情或感受为主，并记录时间、地点、人物、事件等。

步骤 2：分享名片并交流自己在回忆过程中的内在状态。

四、方法指南

你知道提升专注力的方法吗？一起来看看吧。

（一）按时休息

如果睡眠不够，大脑的反应就会迟钝，所以只有保证充足的睡眠，才能更好地提升专注力。

（二）保持运动

在《运动改造大脑》中，作者认为运动可以让大脑分泌多巴胺，多巴胺的作用就是保持注意力集中。

（三）营造安静

安静、整洁的环境能提高我们对事物的关注度，尝试在安静环境下，留意声音或者关注自己的呼吸，都有助于我们提高专注力。

（四）锁定目标

大脑中的目标太多，就会杂乱无章，每次在开始学习前，给自己确定一个目标，并严格完成，也可以减少不必要的分心。

（五）冥想

冥想能够放松身体，还可以让精神更加集中在一件事上。在学习之余，练习冥想，也是一种提高专注力的方式。

五、心理科学链接

什么是心流体验?

1975 年，美国心理学家米哈里发表了他历时 15 年的研究成果。从 1960 年开始，他追踪观察了一些特别成功的人士，包括科学家、企业家、政治家、艺术家、运动员、钢琴师、国际象棋大师等。结果发现，这些人经常谈到一个共同的体验：在从事自己喜欢的工作时，他们全神贯注的忘我状态，时常让他们忘了当前时间的流逝和周遭环境的变化。原来这些成功人士在做事的时候，完全出于他们内在的兴趣，兴趣来于活动本身，而不是任何外在的诱因（如报酬、奖励、欣赏等）。这种经由全神贯注所产生的极乐的心理体验，被米哈里称为"心流"，并认为这是一种最佳的体验。

人们进入心流状态时会产生心流体验，完全被所做的事深深吸引，全身心地专注在自身注意的事情上，浑然忘我而无暇去思索其他问题，自我意识消失，感觉时间过得特别快或特别慢。